Siegrid Hirsch

Kräuter Rezeptbuch

Hausmittel,
Säfte, Mus & Marmeladen,
Kräuterwein,
Liköre & Kräuterschnaps,
Essig & Öl

freya
VERLAG

Siegrid Hirsch

Kräuter Rezeptbuch

Inhalt

Der beste Gesundheitsproduzent – die Natur

Wir haben den Supermarkt, um unsere Nahrungsmittel einzukaufen und wir haben Apotheken, die unseren Bedarf an Heilmitteln decken. Das war nicht immer so. In manchen Familien erzählen Großmutter oder Großvater von Hungerzeiten, in denen nirgends etwas zu bekommen war und berichten, dass man sich, der Not gehorchend, über allerlei wildwachsendes »Unkraut« hermachte. Was damals als »Noternährung« dienen musste schmeckte köstlich, man war pumperlgesund und so schlank, wie es der Wohlstandsmensch von heute mit teuren Diätaufenthalten selten genug zuwege bringt. Kein Wunder, denn in Wildpflanzen befinden sich heilende Inhaltsstoffe in hoher Konzentration, die für unseren Stoffwechsel unverzichtbar sind. Wahrhaft eine »Apotheke Gottes«.

Etwa 12.000 verschiedene Pflanzenarten wachsen derzeit in Europa. Davon sind bislang 1.500, also etwas mehr als 10 % als genießbar und einige hundert als giftig eingestuft. Wir benützen einen Bruchteil dessen, was vor unserer Haustüre wächst. In der Stadt finden wir frisch gepflückte Kräuter manchmal auf den Märkten, am Land gibt es vielleicht einen Biobauern, der Wildpflanzen anbietet. Die unglaubliche Vielfalt der Formen und Farben beinhaltet auch unglaublich viele verschiedene Wirkstoffe, die nur darauf warten, ihr segensreiches Werk zu tun. Alle Pflanzen entwickelten im Laufe der Evolution eigene Schutzstoffe, um gegen feindliche Bakterien und Viren resistent zu sein. Als Nebenprodukt fällt für uns Menschen, wenn wir Pflanzen - in welcher Forma auch immer - zu uns nehmen, Vitalität und Schutz ab. Z. B. durch die enthaltenen Flavonoide, durch Farbstoffe und Enzyme. Bislang vermag niemand nachzubauen, was an Wirkstoffmechanismen in den Pflanzen abläuft. Biochemiker und Molekularbiologen lüfteten viele Geheimnisse der Natur, stellten aber auch immer wieder begeistert fest, dass die Natur der beste Gesundheitsproduzent ist. Im unscheinbarsten Pflänzchen können bioaktive Wirkstoffe enthalten sein, die die Gesundheit positiv beeinflussen, da sie Stoffwechsel und Immunsystem anregen.

Die meisten der in den folgenden Rezepten verwendeten Pflanzen können in der freien Natur gesammelt oder aber im eigenen Garten kultiviert werden. Tees, Tinkturen und Essenzen sind mit geringem Aufwand selbst herzustellen oder, wenn nicht selbst gesammelt wird, eben teuer einzukaufen. Wer selbst sammelt weiß übrigens auch, woher seine Pflanzen stammen und ob sie mit Dünger in Berührung gekommen sind. Er achtet darauf, dass sie schadstofffrei aufwachsen konnten.

Die Herstellung von Kräuteröl, Kräuterweinen, Likören, Schnäpsen oder Säften nimmt nur wenig Zeit in Anspruch. Die neuen Geschmacksdimensionen bringen nicht nur die Bewunderung von Familie und Freunden, sie tun auch der Gesundheit gut.

Die Einbindung von Wildpflanzen und -kräutern in die Ernährung garantiert eine hohe Versorgung mit heilenden Stoffen, egal ob durch den Einsatz von Kräuteröl oder -essig, dem Stamperl nach dem Essen, als Brotaufstrich oder erfrischenden Saft.

Achtung: Alles, was man isst, sollte man vorher kennen! Wer die Pflanzen nicht kennt, der hole sich Hilfe bei fachkundigen Leuten, in Kräutergärten, Kräuterhandlungen und guten Pflanzenbestimmungsbüchern.

Sammeln von Heilpflanzen

WAS ? Als oberster Grundsatz gilt: Pflücken Sie nichts, was Sie nicht genau kennen! Wer kein ausgebildeter Botaniker ist, wird mit den meisten unbebilderten Pflanzenbestimmungsbüchern wenig anfangen können. Die bebilderten Pflanzenführer sind zwar gute Hilfen, trotzdem können Verwechslungen vorkommen, denn die genauen Merkmale des einzelnen Krauts kann man auf einem Foto meist gar nicht darstellen. Um eine Heilpflanze wirklich kennenzulernen, muss man sie in ihrer natürlichen Umgebung sehen, sie riechen, fühlen und schmecken. In den Gärtnereien erkennt man recht gut, wie unterschiedlich die Pflänzchen derselben Familie aussehen können. Deshalb ist es immer eine gute Idee, sich einer geführten Kräuterwanderung anzuschließen und herauszufinden, was die eigene Umgebung an Genießbarem aus Wiese und Flur anzubieten hat.

WO ? Sammeln sollte man nur dort, wo es noch gute Luft, ungedüngte Wiesen und wenige Autos gibt, also niemals am Rand einer Straße, so verlockend und üppig die Blüten auch locken mögen. Es gibt eine Reihe von heilkräftigen Kräutern, die aus den gedüngten Wiesen gern auf die nährstoffärmeren Straßenränder ausweichen (es bleibt ihnen nichts anderes übrig). Die Wegwarte zählt dazu, Meldenarten, die Kamille u.v.m. Lassen Sie sie zum Aussamen stehen, sie gehören weder in den Wildsalat noch in Tee oder Tinktur. Aber schon ihr „Da-Sein" neben der Straße ist ein Beitrag zur Heilung der Natur.

WANN ? Die beste Erntezeit für Blüten, Blätter oder das gesamte oberirdische Kraut ist der Vormittag eines sonnigen Tages, nach dem Abtrocknen des Taus. Die Pflanzen sollen dann möglichst schnell verwendet werden, eine Ausnahme sind z. B. Beifuß und Waldmeister, die ihr Aroma erst dann entfalten, wenn sie etwas angewelkt sind.

WARUM ? Suchen Sie ein Kraut für ein bestimmtes Problem, so sollten Sie es mitteilen. Früher lachte man noch über die Menschen mit den grünen Daumen, die murmelnd durch ihren Garten gingen, jeden Strauch begrüßten und dem Baum einen liebevollen Klaps gaben. Wie durch ein Wunder erholte sich bei ihnen jedes halbverhungerte Blümchen. Das Gelächter ist längst verstummt. Kommunikation mit Pflanzen ist möglich, wenn auch auf einer anderen Ebene als zu Mitmensch oder

Tier. Sie werden schnell merken, dass Ihr Blick genau auf jenes Kraut fällt, das Sie im Moment brauchen, wenn Sie der Natur mitteilen, was Sie benötigen. Das heißt aber auch, dass Sie das Pflanzensammeln bewusst vornehmen, ohne daneben mit dem Handy zu hantieren oder sich die neuesten Schlager im Walkman anzuhören (was nicht heißt, dass sich nicht auch Pflanzen über ein wenig Musik freuen). Niemand muss fanatisch werden, aber die zielgerichtete Aufmerksamkeit bringt sehr viel.
Die ganz Genauen unter den Sammlern vermischen ihre eigene Energie nicht mit jener der Pflanzen, besonders, wenn sie „Heilung" dann weiterschenken. Sie achten darauf, dass die Pflanze energetisch authentisch bleibt. Das ist leicht zu erreichen, wenn Sie entweder Baumwollhandschuhe tragen oder (besser) alle Teile der Pflanze mit dem Blatt dieses Krautes abnehmen. Wer nur für sich selbst oder die eigene Familie pflückt, muss nicht so penibel sein.

WIE ? Niemals rupfen! Wo von einem echten Kräuterfreund gesammelt wurde, sieht man es nachher nicht. Nur das nehmen, was unbedingt nötig ist und kein Blatt (keine Blüte) mehr! Unbedingt daran denken, dass auch im nächsten Jahr etwas wachsen soll, also nicht alles mit Putz und Stängel ausrotten, sondern Pflanzen zum Aussamen stehen lassen. Vorher mit den Pflanzen sprechen und ihnen sagen, wozu Sie sie brauchen. Auch kleine „Grünlinge" wollen leben und opfern ihre eigene Existenz für Sie. Das ist doch wirklich ein Grund, um „Danke" zu sagen. Mit einer Keramikschere oder einem Keramikmesser abschneiden. Kräutergut soll nicht mit Metall in Berührung kommen. Der scharfe Schnitt mit einem Keramikmesser tut außerdem weniger weh als das Abreißen.

- Anschließend in einer Papiertasche oder dem traditionellen Korb transportieren und ganz schnell verarbeiten.
- Junge Pflanzen schmecken nicht nur am besten, sie ergeben auch die besten Säfte, Tinkturen, Essige oder Weine. Von älteren nimmt man nur Triebe und Herzblätter.
- Schon beim Pflücken sauber arbeiten, nur gesunde Blätter und Früchte nehmen, an Ort und Stelle verlesen und reinigen.
- Die kräftigsten Heilpflanzen findet man in den Bergen!

Trocknen und Aufbewahren von Heilpflanzen

- Je kürzer die Trockenzeit, desto besser sind Aroma und Heilkraft. Zum Trocknen eignet sich ein staubfreier, luftiger Dachboden oder auch ein anderer staubfreier trockener Raum mit genügend Durchzug, manchmal ist das die überdachte Terasse. An der Sonne oder im warmen Ofen sollen zarte Pflanzen nicht getrocknet werden (aber Ausnahmen bestätigen die Regel).
- Die Pflanzen werden zuerst gründlich durchgesehen, sortiert und von Fremdkörpern befreit, dann breitet man das Sammelgut locker auf ein Brett, ein Tuch oder auf ein weißes Papier. Von Zeit zu Zeit sind die Heilkräuter zu kontrollieren und zu wenden.
- Die Kräuter sollen gut trocken, aber nicht dürr sein, weil sie sonst zerbröseln. Die etwas angetrockneten Kräuter kann man kleinschneiden, weil sie so bequemer aufzubewahren und praktischer im Gebrauch sind.
- Heilpflanzen, die von Natur aus schon ziemlich trocken sind, kann man zu kleinen Bündeln zusammenbinden und in einem Säckchen aus luftdurchlässigem Gewebe, z. B. Mull, an der Schattenseite des Hauses oder im Dachboden aufhängen.
- Wurzeln werden vor dem Trocknen mit Wasser und Bürste sauber gereinigt. Dicke Wurzeln spaltet man der Länge nach und schneidet sie in kleine Stücke. Sie werden im warmen Rohr oder an der Sonne nachgedörrt (im Gegensatz zu den Blüten). Die Temperatur soll 50 ° C nicht übersteigen.

Sammeln nach dem Mond

- Blüten und Blätter sammelt man zur jeweiligen Blütezeit. Will man die Blätter eines Wildgewächses später trocknen oder verarbeiten, so wählt man einen Blatttag im zunehmenden Mond (Fische, Krebs, Skorpion).
- Blüten (vor allem für Blütenessenzen) ebenfalls nur bei zunehmendem Mond sammeln und zwar an einem Blütentag (Wassermann, Zwillinge, Waage).
- Saft und Harz werden im Frühsommer gesammelt (bei zunehmendem Mond).
- Wurzeln gräbt man im Frühjahr, wenn die Pflanze zu treiben beginnt, oder im Herbst, wenn das Kraut abgereift, aber noch erkennbar ist. Wurzeln für Heilzwecke prinzipiell erst nach Sonnenuntergang graben, der beste Termin ist der Vollmond, bevorzugt an einem Steinbock- oder Jungfrautag, aber auch andere Vollmond-Tage sind günstig.
- Samen und Früchte erntet man zur Reifezeit, am besten um den Vollmond herum an Fruchttagen (Widder, Löwe, Schütze).
- Rinden schält man im Frühjahr, wenn der Saft steigt.

Heilpflanzen verwenden

Jedes Heilkraut, ausgenommen die giftigen Pflanzen, ist immer auch ein Nahrungsmittel. Nichts ist eintöniger, als dem Körper immer dieselben Darreichungsformen und Wirkstoffe anzubieten. Die Gewohnheit schwächt auf Dauer auch die intensivste Wirkung ab. Falsch ist es, sich an einzelne Kräuter zu gewöhnen und nur mehr auf sie zurückzugreifen. Jedes Nahrungsmittel verliert seine Eigenschaft als natürliches Heilmittel, wenn es zu lange, zu einseitig und ausschließlich gegessen oder getrunken wird. Die gebräuchlichste Zubereitungsform ist der Tee, es gibt aber noch andere Möglichkeiten, Kräuteranwendungen durchzuführen.

AUFGUSS (INFUS)

Die gebräuchlichste Art der Teezubereitung ist der Aufguss. Blüten und zarte Blätter übergießt man mit kochendem Wasser und lässt sie 3 bis 5 Minuten zugedeckt ziehen, manchmal noch länger. Dann abseihen und den Tee schluckweise trinken.

ABSUD

Der Absud wird wie der Aufguss zubereitet, doch gibt man die Kräuterteile ins kochende Wasser und lässt nochmals kurz aufwallen (1 Minute kochen) und etwa 5 Minuten ziehen, dann seiht man ab.

ABKOCHUNG (DEKOKT)

Starke Blätter, dicke Stängel, Früchte und Wurzeln stellt man in kaltem Wasser zu, bringt sie zum Kochen und lässt sie auf kleiner Flamme 5 bis 10 Minuten sieden, dann seiht man ab. Kümmel, Anis und Fenchel werden vorher zerkleinert. Rinden, Heublumen und Haferstroh kann man ohne weiteres bis zu 20 Minuten kochen lassen.

KALTWASSERAUSZUG (MAZERAT)

Schleimige Pflanzen weicht man in kaltem Wasser mehrere Stunden ein und laugt sie so aus. Vor dem Gebrauch wird der Auszug mitsamt den Pflanzen aufgewärmt (aber nicht gekocht!). Der Tee soll gerade Trinktemperatur haben. Dann abseihen und wie gewohnt trinken. Für Säckchenauflagen dürfen Kräuter nur angespritzt oder im Dampfbad gedünstet werden.

TEEKUR

Teekuren sollen immer 3 bis 6 Wochen ohne Unterbrechung dauern. Scharfe Kost, Alkohol, Bohnenkaffee und Nikotin schwächen die Wirkung der Kur ab. Nach der Kur sollte man eine Pause von 2 Wochen einschalten. Im allgemeinen nimmt man auf ¼ l Wasser 1 Esslöffel Kraut. Die gewöhnliche Tagesmenge beträgt ½ Liter. Sie wird so verteilt: 1 Tasse nüchtern, 1 Tasse eine Stunde vor dem Mittagessen, 1 Tasse vor dem Schlafengehen. Es kann aber auch die ganze Menge untertags schluckweise genommen werden, aber nicht unmittelbar vor oder nach dem Essen. Wermut- und Tausendgüldenkrauttee werden nur löffelweise genommen (¼ Liter Tagesmenge). Tee darf mit Naturzucker, Ahornsirup, Dicksaft oder Honig gesüßt werden (außer bei Zuckerkrankheit oder Durchfall). Besser wirkt er jedoch ungesüßt, mit Ausnahme von Hustentees, wo auch der Honig eine gewisse Heilkraft beisteuert.

SIRUP

Bei Abneigung gegen Tee oder wenn Flüssigkeitseinschränkung geboten ist, verwendet man gern Sirup. 5 g Kräuter werden über Nacht in 1 l Wasser kalt eingeweicht und in der Früh 2 bis 3 Minuten gekocht und abgeseiht. Zu dieser Menge gibt man 125 g Bio-Zucker (bei schleimlösendem Sirup 140 g Kandiszucker oder 4 bis 5 Esslöffel Bienenhonig). Bienenhonig soll nie über 50 Grad erwärmt werden, weil man dadurch seine Wirkstoffe zerstört. Wenn Sirup länger aufbewahrt wird, muss er so dick sein, dass er wie ein Faden vom Löffel rinnt. (Meist muss er bis zur Hälfte eingekocht werden.)

TINKTUR

In eine Flasche füllen Sie Weingeist, Wein oder Schnaps und Beeren oder Kräuter und verschließen sie. Die Flasche stellen Sie 8 bis 10 Tage ins Helle oder in gleichmäßige Wärme (15 bis 20° C, z. B. auf eine sonnige Fensterbank) und schütteln sie öfters auf. Dann wird filtriert und die Tinktur gut verschlossen. Nach weitern 8 Tagen ist die Tinktur gebrauchsfertig. Tinkturen werden tropfen- oder kaffeelöffelweise genommen. Rezepte finden Sie detailliert auf den folgenden Seiten.

ÖL

Gießen Sie so viel kalt gepresstes, hochwertiges Öl über die Kräuter, dass diese bedeckt sind. Wer das Kräuteröl längere Zeit aufbewahren will, verwendet ein Olivenöl, das nicht unbedingt kalt gepresst sein muss. Achten Sie aber darauf, dass dieses Öl nicht durch Chemieeinsatz aus den Früchten geholt wurde. Lassen Sie die Mischung zwei bis drei Wochen an einem warmen Platz oder in direkter Sonne stehen. Die Kräuter werden anschließend ausgepresst, das Öl wird in dunklen Flaschen gelagert. Ätherisches Öl entsteht auf diese Weise nicht, dieses wird durch Destillation gewonnen. Ölauszüge verwenden Sie sowohl äußerlich, als auch zum Einnehmen oder für Salate und Gemüsegerichte.

LIKÖR

Aus vielen Kräutern oder Früchten kann man Liköre zubereiten. Man nimmt auf 1 l Beeren oder Kraut ½ l Branntwein oder 50%igen Alkohol und lässt dies 2 bis 3 Wochen an einem warmen, dunklen Ort stehen. Dann wird die Flüssigkeit abgeseiht und mit ½ kg Zucker verrührt, bis dieser aufgelöst ist. Verschlossen aufbewahren. Je älter der Likör, desto schmackhafter wird er.

WEIN

1 Hand voll Kräuter werden mit 0,7 l Weißwein übergossen. Das Gefäß wird verschlossen und für zwei Wochen bei Zimmertemperatur stehen gelassen. Anschließend wird gefiltert. Man trinkt den Wein likörgläschenweise.

PULVER

Getrocknete Wurzeln, Blätter, Körner oder Beeren werden fein gemahlen oder im Mörser zerstoßen. Das Pulver wird in gut schließenden Gläsern aufbewahrt und dann messerspitzenweise oder Oblatten genommen. Man kann es auch in Kapseln (Apotheke) füllen.

SAFT

Aus manchen Kräutern lassen sich Frischsäfte bereiten. Die beste Möglichkeit bietet die Kräuterpresse aus Holz, es geht aber auch ein Haushaltsentsafter. Man kann die Kräuter auch im Mixer zerkleinern und sie durch ein Leinentuch pressen. Manche Kräuter lassen sich auch über Dampf entsaften, dabei gehen allerdings wichtige Vitamine verloren.

ROHKOST

Viele Kräuter, dazu zählen jene, die bereits im zeitigen Frühjahr wachsen, können roh als Salat gegessen werden oder eignen sich dazu, zerkleinert als Suppenbeilage oder Aufwertung einer Gemüsespeise eingesetzt zu werden.

SALBEN

Ölauszüge der Pflanzen, die man mit geschmolzenem Bienenwachs im Verhältnis 5:1 im Wasserbad verrührt, ergeben hervorragende Salben. Man rührt die beiden Stoffe so lange, bis die Masse erkaltet ist. Ebenso zielführend ist es, die Kräuter in Schweineschmalz auszuziehen. Dafür gibt man in das heiße, aber nicht prasselnde Bio-Schmalz so viele Kräuter, wie das flüssige Fett aufnimmt, und lässt alles im Wasserbad über Dampf etwa ½ Stunde köcheln. Anschließend in Töpfe füllen und im Kühlschrank lagern.

ZÄPFCHEN

Zäpfchen werden schnell absorbiert, die Heilstoffe aus den Kräutern können über die Schleimhaut des Darmes aufgenommen werden. Die Herstellung ist sehr einfach. Die betreffenden Kräuterteile (getrocknet) werden zu Pulver zermahlen, man mischt sie mit zerlassener Kakaobutter. Zäpfchenformen kann man selbst aus Alufolie herstellen.

UMSCHLÄGE

Man tränkt ein Tuch in der noch warmen (nicht kochendheißen!) Teezubereitung, wringt aus und legt es auf die zu behandelnden Stellen. Dann wird mit einem Handtuch oder Wolltüchern abgedeckt.

BAD

Es wird eine größere und konzentrierte Menge an Teeauszug hergestellt, den man dem Wasser für Voll- oder Teilbäder zufügt.

INHALATATION

Man übergießt eine größere Menge der gewünschten Droge mit kochendem Wasser. Man atmet die aufsteigenden Dämpfe ein, dabei deckt man Kopf und Schüssel mit einem Tuch ab.

Was bedeutet

ESSENZ

so steht es im Fremdwörterlexikon, ist das „Wesen" einer Sache. Auf Pflanzen bezogen heißt das, es sind nicht die einzelnen Enzyme, Vitamine oder Mineralstoffe in so einer Essenz enthalten, sondern die Aussage der Pflanze, das Wesentliche, also alles das, was wirklich von Bedeutung ist.

Essenzen stellt man in erster Linie aus Blüten her, entweder nach der Sonnenmethode oder nach der Kochmethode. Die Blüten werden entweder in Quellwasser oder einer leichten Sole ausgezogen, die Essenz wird anschließend mit Alkohol konserviert. Es gibt auch spagyrische Essenzen, die nach den Regeln der alten Alchemisten zubereitet werden. Es sind aufwändige Verfahren nötig, um ein spagyrisches Heilmittel herzustellen. Die Pflanze wird fermentiert, destilliert und verascht, dazu fehlen in der Regel im privaten Haushalt die Ressourcen.

EXTRAKT

ist eigentlich auch der normaler Tee oder der Filterkaffee, den Sie zum Frühstück trinken. In der Kräuterkunde versteht man unter Extrakt aber ein Konzentrat bestimmter Wirkstoffe einer Pflanze. Stellen Sie sich das so vor: Blätter, Blüten und Stängel einer Pflanze werden zu einem Pflanzenfrischsaft gepresst. Dann kommen (je nach Pflanzenteil unterschiedliche) chemische Stoffe dazu, die dabei helfen, die gewünschte Substanz zu „extrahieren". Lösungsmittel für die Kräuterteile sind entweder Wasser, Alkohole oder auch Öl. Ein Extrakt deutet immer darauf hin, dass hier die Wirkstoffe hoch konzentriert enthalten sind. Meist kommen die Extrakte in Kapseln oder Dragees, in flüssiger Form heißen sie Fluid-Extrakte.

ÄTHERISCHE ÖLE

sind die Geruchsstoffe einer Pflanze, die durch Wasserdampfdestillation oder andere, oft aufwändige Verfahren, aus großen Mengen Pflanzen gewonnen werden. Sie im Haushalt herstellen zu wollen, ist nur den „Hobby-Chemikern" mit Laborausrüstung möglich.

TINKTUR

ist ein Auszug, im vorliegenden Buch von Pflanzen, in Alkohol. Nach einer bestimmten Zieh-Zeit gehen die alkohollöslichen Stoffe aus der Blüte, dem Blatt, dem ganzen Kraut, der Wurzel oder Rinde in den Alkohol über, in dem das Heilkraut angesetzt wurde. Man bereitet Tinkturen aus getrockneten oder aus frischen Pflanzen. Für eine Tinktur aus frischen Pflanzen hat sich der Ausdruck „Urtinktur" durchgesetzt. Aus solchen „Urtinkturen" werden in der Regel die homöopathischen Arzneien bereitet.
Der Gehalt an Wirkstoffen ist bei Tinkturen aus frischen Pflanzenteilen eindeutig schwächer als in Tinkturen aus getrockneten Pflanzenteilen. In unserer Zeit, mit ihrer neuen Energie, gibt es trotz der geringeren Inhaltsstoffe eine Tendenz zur Tinktur aus der frischen Pflanze, weil hier die Schwingungsmuster des einzelnen Heilkrautes ausgeprägt vorhanden sind. Gute Tinkturen, ob aus getrockneten oder aus frischen Kräutern, sollten Sie liebevoll herstellen. Was Sie sorgfältig und unter großem Zeitaufwand gesammelt haben, bedarf noch vieler weiterer Handgriffe, ehe es seine Heilgeheimnisse an Sie weitergibt.

ALKOHOL

muss gute Qualität haben und soll hochprozentig sein, mit mindestens 40, höchstens 90 %. Nichts gegen den billigen Obstbrand aus dem Supermarkt, aber zu einer wertvollen Tinktur gehört auch wertvoller Obst- oder Kornbrand, natürlich aus dem Biobetrieb oder von einem Schnapsbrenner des Vertrauens. Den „Geist" des Alkohols sollte niemand unterschätzen, auch er trägt sein Scherflein zur Heilkraft einer Tinktur bei.

Tinkturen selbst zubereiten

Wurzeln graben

Wurzeln waschen

Wurzeln trocknen

Wurzeln putzen, vom Kraut trennen

Wurzeln zerkleinern

Wurzeln mit Alkohol übergießen

Kraut sammeln

Kraut genau durchsehen

Kraut schneiden

Kraut locker in ein Gefäß schichten

Mit Alkohol übergießen

Stehen lassen und täglich schütteln

GETROCKNETE PFLANZEN

Mengenverhältnis:
1 Teil getrocknete Pflanzenteile
auf 5 bis 6 Teile Alkohol.
Zum Beispiel: ca. 70 g getrocknetes Kraut oder Wurzeln auf 1/2 l Alkohol oder ca. 35 g getrocknetes Kraut oder Wurzeln auf 1/4 l Alkohol

Getrocknete Blüten und Blätter:

- Um die Aufschließung der Wirkstoffe zu erhöhen, zerbröselt man Blätter und Blüten mit den Händen fein oder zerreibt sie sanft(!) im Mörser (ist aber nicht zwingend nötig).
- Dann in ein Glasgefäß mit breiter Öffnung füllen.
- Mit dem abgemessenen hochprozentigen Alkohol übergießen. Die Kräuter gut schütteln oder mit einem Holzspatel umrühren.
- Mit einem Tuch oder passendem Glasdeckel zudecken.
- An einen geschützten Platz (Zimmertemperatur) stellen (aber in Sichtweite, damit man den Ansatz nicht vergisst) und einfach stehen lassen.
- Täglich schütteln, ohne weiteres auch mehrmals.
- Nach 10 bis 14 Tagen (ruhig dem eigenen Gefühl vertrauen) durch ein Sieb gießen, das mit einem Mulltuch ausgekleidet ist. Auch ein Kaffeefilter eignet sich gut. Das Pflanzengut auspressen, das geht mit einem Holz- oder Porzellanlöffel hervorragend, aber auch der Stössel aus dem Mörser eignet sich gut.
- Die fertige Tinktur in Violett-, Blau- oder Braunglas füllen, verschließen und genau beschriften. Auf das Etikett gehören außer dem Pflanzennamen (Deutsch oder Latein) auch das Herstellungsjahr. Wer es sich angewöhnt, auch den lateinischen Namen zu verwenden, hat nach kurzer Zeit auch jenen Kräuternamen präsent, der in den Apotheken verwendet wird.
- Tinktur kühl und dunkel lagern, z. B. in einem Schrank. Sie hält bis zu 10 Jahre.

Getrocknete Wurzeln

Hier gelten eigentlich dieselben Regeln, allerdings ist der Mörser fast unerlässlich. Die harten und sperrigen Wurzeln geben ihre Inhaltsstoffe viel besser frei, wenn das Pflanzengut möglichst klein ist. Vergessen Sie die elektrische Mühle. Es ist ein Leiden unserer Zeit, dass alles ziemlich flott gehen soll. Schnell kann man überall sein, nur nicht bei der Bereitung einer Tinktur, die helfen soll. Alles, was lebendig ist, was im großen Ganzen mitschwingt, hat seinen eigenen Rhythmus. Der Rhythmus der Natur ist gemächlich. Es braucht seine Zeit, um zu wachsen, groß zu werden, zu erkennen. Es braucht seine Zeit, um sich zurückzuentwickeln. Heilpflanzen dürfen nicht in atemberaubender Geschwindigkeit zerhackt und zu Staub gemahlen werden. Es geht auch langsam. Behutsam.

Die Wurzeln brauchen unter Umständen ein, zwei Tage länger, um sich dem Alkohol mitzuteilen. Vertrauen Sie Ihrem Gefühl und gehen Sie ansonsten vor, wie bei Blüten und Blättern.

FRISCHE PFLANZEN - URTINKTUR

Die klassische Tinktur zur Herstellung von homöopathischen Mitteln.

Mengenverhältnis:

1 Teil frische Blüten, Blätter, Kraut oder Wurzeln – 2 Teile Alkohol

Zum Beispiel: ca. 250 g frisches Kraut oder Wurzeln auf 1/2 l Alkohol

ca. 130 g frisches Kraut oder Wurzeln auf 1/4 l Alkohol

Frische Blüten und Blätter:

- Machen Sie es wie der Begründer der Homöpathie, wie Samuel Hahnemann vor rund 250 Jahren. Nehmen Sie Ihre frischen Pflanzen und schneiden Sie sie auf einem Holzbrett klein (Keramikmesser). Da Sie die Kräuter ja von einem besonderen Platz haben, im Korb geschützt transportierten und auch nicht von einem Regenguss überrascht wurden, sind sie völlig trocken. Das muss auch sein. Vergessen Sie das

Wiegemesser, mit dem das Kleinschneiden schneller gehen würde. Nehmen Sie Ihr Keramikmesser. Allzuviel Pflanzensaft sollte nicht austreten, deshalb zügig arbeiten aber nicht hasten. Wer Lust hat, kann natürlich auch mörsern, aber es ist nicht zwingend notwendig.

- Dann in ein Glasgefäß mit breiter Öffnung füllen.
- Mit dem abgemessenen, hochprozentigen Alkohol übergießen. Die Kräuter schütteln oder mit einem Holzspatel umrühren, sie sollen gut bedeckt sein.
- Mit einem Tuch oder passendem Glasdeckel zudecken.
- An einen geschützten Platz stellen (aber in Sichtweite, damit man den Ansatz nicht vergisst) und einfach stehen lassen.
- Täglich schütteln, ohne weiteres auch mehrmals. Die Tinkturen reifen auch gut im Freien, niemals aber an der prallen Sonne. Wenn das Wetter feucht ist (regelmäßig auch abends) sollte man sie ins Haus nehmen.
- Nach etwa 7 bis 10 Tagen (ruhig dem eigenen Gefühl vertrauen) durch ein Sieb gießen, das mit einem Mulltuch ausgekleidet ist. Auch ein Kaffeefilter eignet sich. Das Pflanzengut auspressen, das geht mit einem Holz- oder Porzellanlöffel hervorragend, aber auch der Stössel aus dem Mörser ist passend.
- Die fertige Tinktur in Violett-, Blau- oder Braunglas füllen, verschließen und genau beschriften. Auf das Etikett gehören außer dem Pflanzennamen (Deutsch oder Latein) auch das Herstellungsjahr.
- Die Tinktur kühl und dunkel lagern, am Besten in einem Schrank. Sie hält mindestens 3 Jahre, wahrscheinlich länger.

Frische Wurzeln

- Die Wurzeln zum richtigen Zeitpunkt graben, das ist bereits die halbe Arbeit. Bereits am Sammelort putzen und harte Stellen herausschneiden. Wer eine Quelle vorfindet, könnte Wurzeln gleich an Ort und Stelle waschen und so von anhaftender Erde befreien, ansonsten macht man dies daheim.
- In einem Geschirrtuch gründlich abtupfen und trocknen lassen, das dauert nur wenige Minuten. Die Wurzel je nach Größe mit dem Keramikmesser spalten und in kleine Teilchen teilen. Mörsern ist wahrscheinlich unerlässlich und geht auch leicht, weil frische, junge Wurzeln (die holzigen lässt man ohnhin zurück) noch ziemlich weich sind.
- Weiter vorgehen wie beim Kraut beschrieben. Wurzeln sind beim Ausziehen dunkel zu stellen, sie vertragen gerade einmal das Mondlicht.

TINKTUREN VERWENDEN

Tinkturen werden tropfenweise eingenommen, in der Regel vor einer Mahlzeit und 3 Mal täglich (10 bis 20 Tropfen für Erwachsene, die Hälfte oder weniger, je nach Gewicht, für Kinder).

- Entweder Sie tropfen sie mit der Pipette direkt in den Mund oder Sie geben die Tinktur in ein Glas mit Wasser, das Sie dann trinken. Auch in den warmen (nicht heißen) Tee kann man sie geben. Noch eine Möglichkeit ist die Einnahme der nötigen Menge auf einem Holz-, Porzellan- oder Plastiklöffel (kein Metall).
- Bei Kindern oder wenn man mit Alkohol besonders vorsichtig sein muss, tropft man die erforderliche Menge auf ein Stück Würfelzucker oder einen Löffel mit Zucker. Durch die große Oberfläche verdampft der Alkohol im Nu und nur mehr die Heilkraft der Pflanze kommt zum Tragen.

Tinkturen sind eine Bereicherung und wirksamer Bestandteil bei der Herstellung von Salben, für Wickel oder Auflagen und als Würze für Salate oder fertige Speisen (nicht kochen!). Tinkturen können Sie aus allen Pflanzen herstellen, auch aus jenen, die nicht extra im Buch angeführt sind. Frei nach Paracelsus, dem die meisten mitteleuropäischen berühmten Heiler folgten, eine Weisheit:

Einem jeglichen Land wächst seine Krankheit selbst
und auch seine Arznei selbst.

Paracelsus

Es müssen also nicht unbedingt Lianen oder die Wurzeln aus fernen Ländern sein, aus denen Sie Ihr persönlichen Mittel herstellen. Aber natürlich „können" sie es auch sein.

Vertrauen Sie bei der Auswahl Ihrer Intuition. Wir leben in einer Welt, in der sich die Zeitspirale immer schneller dreht. Der Globus ist klein geworden. Wer sich in seinem Herzen nach dem tropischen Urwald sehnt, wer spontane Sympathie für dessen Pflanzen entwickelt, dem werden gerade diese Gottesgeschenke helfen, auch wenn sie Tausende Kilometer weit entfernt wachsen.

Für die neue Energie in einer neuen Welt sind persönliche Seelenkräfte wesentlich und lassen sich nicht mehr übertönen – diesen Seelenkräften entspringt jene Intuition, die Ihnen genau vermittelt, was Sie brauchen.

Pflanzen, also Bäume, Sträucher, Blattgewächse und Blumen sind Boten aus dem Unsichtbaren. Sie sind frei vom Ego, das uns Menschen manchmal so zu schaffen macht. Überall auf der Welt verströmen sie Schönheit und Beständigkeit. Ihr einziges Ziel ist es, uns zu dienen, immer größere Anmut zu entwickeln und möglichst viele Blumenkinder zu hinterlassen, die genauso liebreizend sind wie sie selber.
Ganz egal, wie ungüstig die Bodenverhältnisse sind, wie schwer ihr die Existenz gemacht wird, eine Pflanze wird immer das Wesen des Schöpfers verkörpern. Das sieht man am deutlichsten auf den Steinwüsten, den Schutthalden, die wir Menschen immer wieder hinterlassen.
Haben Sie sich einmal angesehen, was alles nach einem größeren Bauvorhaben oder nach Erdbewegungen wie von selbst das öde Stück Land besiedelt? Es sind ausschließlich starke Heilpflanzen, die sich niederlassen. Sie bedecken den Boden, sie schaffen den Ausgleich, sie harmonisieren hässliche Nacktheit durch ihre Blüten, sie machen die Erde wiederum „heil" ... so wie sie uns „heil" machen können. Wenn das Werk getan ist, verschwinden sie wieder und überlassen den Gräsern das Feld.
Dabei gleicht keine Pflanze der anderen, nicht einmal ein Blatt auf ein und demselben Baum gleicht einem anderen. Auch Pflanzen sind Individualisten – so wie wir Menschen.
Nach den uns unterstützenden Individuen müssen wir suchen. Deshalb ist auch das Zulassen der eigenen Intuition bei der Pflanzenauswahl so notwendig.
Nicht irgendeine Schafgarbe pflücken, sondern aus dem Meer der weißen und rosa Blüten genau die, die es uns zu verstehen gibt. Sie ist es dann auch, die wahrhaftig hilft. Deshalb ist es auch so wichtig, sich klar darüber zu sein, was die Pflanze bewirken und für wen sie eingesetzt werden soll, bevor man in die Natur zieht, um sie zu pflücken. Es wundert eigentlich gar nicht, wenn die Naturwissenschaft heute zu den gleichen Ergebnissen kommt, zu denen ein naturverbundener, fühlender Mensch durch seine Intuition hingeführt wird.

Jede einzelne Blüte, jedes Blatt, das Rindenstück, die Wurzel, der fein gezeichnete Samen - es sind Lebenswunder, vorhanden in überwältigender Fülle.
Der große Naturphilosoph Hamblin sagte: „Unsere jüngeren Schwestern, die Pflanzen, empfinden in ihrem traumgleichen Dämmerdasein nichts als das hingebungsvolle Vertrauen zum Geist der Natur. Gleichermaßen sollten wir dem Geist des Lebens vertrauen, weil sich nach dem Maße unseres Vertrauens alles Sichtbare zu unserem Besten wendet."

Hausmittel

Arnikatinktur

Nur äußerlich anwenden bei Insektenstichen, Steifheit der Gelenke, Verstauchungen, Blutergüssen u. ä.

Die getrocknete, gepulverte Wurzel wird im Verhältnis 1:20 mit starkem Weingeist angesetzt, täglich geschüttelt und 2 bis 3 Wochen in die Wärme gestellt. Die Blüten werden 1:5 angesetzt, es wird ebenso vorgegangen. Danach wird gefiltert.

Sammelzeit: Wurzel im Frühling, Blüte Juli, August

Baldriantinktur

Schon 10 bis 12 Tropfen helfen gegen Nervosität.

200 g getrocknete Wurzeln werden kleingeschnitten und mit 1 l hochprozentigem (40% bis 50%) Kornschnaps oder Obstbrand übergossen. Die Flasche wird gut verkorkt und etwa 4 Wochen an einen warmen Ort gestellt. Nach dem Durchseihen in einer dunklen Flasche aufbewahren.

Sammelzeit: Wurzel im Frühling vor der Blüte oder im Herbst

Bärenklautinktur

Bärenklautinktur wirkt anregend als Massagelotion oder Badezusatz, ist aber auch gesundheitsfördernde Würze für Salate und deftige Gerichte.

2 Teile Bärenklaublätter, 1 Teil Bohnenkraut, 1 Teil Brennnesseln, ½ Teil Lavendelkraut und Blüten werden klein geschnitten und mit 1 Liter Kornschnaps übergossen. Das verschlossene Gefäß 3 Wochen an einen mäßig warmen Ort stellen. Dann abseihen und in Gläschen füllen.

Sammelzeit: Juni, Juli

Bärlauchtinktur

bei allgemeiner Schwäche und Altersbeschwerden

2 Hand voll frische Bärlauchblätter werden zerkleinert, in eine weithalsige Flasche gefüllt und mit 1 l Alkohol und ½ l Wasser übergossen. 3 Wochen in der Küche stehen lassen und anschließend abseihen. Die Tinktur wird teelöffelweise eingenommen.

Sammelzeit: April, Mai

Bibernelltropfen

Ein wunderbares Mittel gegen Heiserkeit und Vorbeugung bei Erkältungskrankheiten.

1 Teil zerkleinerte Wurzel mit 5 Teilen hochprozentigen Kornschnaps oder Obstler etwa 14 Tage an einen warmen Platz stellen, dann abfiltern. Mehrmals täglich 20 Tropfen auf etwas Zucker einnehmen

SAMMELZEIT: MAI, JUNI, NACH DER BLÜTE IM HERBST

Blütenessenzen selbst herstellen

Der Entdecker, Dr. Bach, dem diese Essenzen auch ihren Namen verdanken, verwendete 2 klassische Herstellungsmethoden, die auch heute noch üblich sind: Einen Auszug durch Kochen (Kochmethode) oder durch die Sonne (Sonnenmethode). Durch die beiden Methoden wird die Schwingung der Blüte auf Wasser übertragen und dann darin stabilisiert. Blütenessenzen dienen vor allem dazu, Blockaden zu lösen und so den inneren Heiler in Gang zu setzen. Sie harmonisieren.

Folgende Bachblüten-Essenzen werden nach der Sonnenmethode hergestellt:

Enzian, Bleiwurz, Drüsentragendes Springkraut, Eiche, Einjähriger Knäuel, Eisenkraut, Gefleckte Gauklerblume, Waldrebe, Sonnenröschen, Heidekraut, Odermennig, Olive, Rosskastanie, Stechginster, Sumpfwasserfeder, Tausendgüldenkraut, Waldrespe, Wegwarte, Weinrebe.

Sonnenmethode:

An einem sonnigen Tag um die Mittagszeit (ab 10 bis 11 Uhr) die jeweiligen Blüten vorsichtig mit einem Blatt der jeweiligen Pflanze abnehmen (damit die persönliche Schwingung nicht übertragen wird). In eine Schüssel aus Kristallglas geben, die mit reinem Quellwasser gefüllt ist. Die gesamte Wasseroberfläche sollte dicht mit den Blüten bedeckt sein. Jetzt muss die Schale mindestens 3 Stunden in voller Sonne stehen, am besten nahe der Pflanze. Nach der Ziehzeit die Blüten entfernen, dies muss vorsichtig mit einem Zweig der betreffenden Pflanze geschehen. Die Blütenessenz mit einem naturreinen Obstbrand oder Kornbrand bester Qualität vermengen. Auf 1 l Quellwasser kommt 1 l 40 %iger Alkohol. Nun sofort in dunkle Flaschen abfüllen. Diese Uressenz wird später etwa 1:20 mit Quellwasser verdünnt und ergibt damit die fertige Blütenessenz. Achtung: Nur mit Keramiklöffeln umrühren, Keramiktrichter zum Einfüllen verwenden. Ausschließlich in dunkle Glasflaschen abfüllen.

Die Kochmethode:

Sie wird für die frühen Blüten verwendet, zu deren Blühzeit die Sonne noch nicht genügend Kraft hat. Man pflückt die Blüten wie bei der Sonnenmethode und gibt sie in klares Quellwasser, das in einem Email- oder kochfestem Glastopf zum Sieden erhitzt wird. Etwa 30 Minuten zugedeckt köcheln lassen. Man kann auch Blätter und kleine Zweiglein mitverwenden. Den Topf im Freien abkühlen lassen. Dann die Pflanzenteile mit Hilfe eines Zweigleins entfernen. Die Essenz in dunkle sterile Flaschen füllen. Diese Fläschchen nur zur Hälfte voll machen, die andere Hälfte muss zur Konservierung aus gutem Alkohol bestehen. Zum Abfüllen Keramiktrichter (ausgelegt mit Filterpapier) verwenden.

Folgende Blüten werden ausgekocht:

Ackersenf, Buche, Edelkastanie, Espe, Geißblatt, Doldiger Milchstern, Hainbuche, Heckenrose, Holzapfel, Kastanienknospe, Kiefer, Kirschpflaume, Lärche, Rote Kastanie, Stechpalme, Ulme, Walnuss, Weide.

Aus allen heimischen Kräuterblüten können »Blütenessenzen« hergestellt werden. Ausnahme: giftige Pflanzen

Notfalltropfen (Rescue)

Sie werden zu gleichen Teilen gemischt aus: Doldiger Milchstern (Star of Bethlehem), Sonnenröschen (Rock Rose), Drüsentragendes Springkraut (Impatiens), Kirschpflaume (Cherry Plum) und Waldrebe (Clematis).

Blutweiderichtinktur

Die Blutweiderichtinktur stärkt die Lebensenergie und reinigt Magen und Darm.

50 g getrocknetes und zerkleinertes Kraut werden in 250 ml Obst- oder Kornbrand angesetzt. 14 Tage in gleichmäßiger Wärme stehen lassen und täglich schütteln. Nachher abfiltern, dann den Rückstand mit der gleichen Menge abgekochtem und abgekühltem Wasser aufgießen, wiederum abseihen, auspressen und der ersten Flüssigkeit beigeben. Gut vermischen. Davon 2 Mal täglich ½ Stamperl trinken.

Sammelzeit: aus frischem Kraut: Juni, Juli

Blutwurztinktur

Sie ist ein ideales Mittel bei entzündlichen Prozessen im Mund und Rachenbereich.

✻ 10 frische Wurzeln werden mit ca. ½ l hochprozentigem Alkohol in ein weithalsiges Glas gelegt. ✻ Verschließen und mindestens vier, besser sechs Wochen im Dunkeln stehen lassen, anschließend abseihen.

Sammelzeit: Mai oder September

Bohnenkrauttonikum

wirkt aufbauend nach schwächendem Fieber

✻ 1 Hand voll frisches Bohnenkraut in eine Flasche füllen, mit gutem Rotwein bedecken (etwa 0,75 L). ✻ 10 Tage an einem kühlen Ort verschlossen stehen lassen. ✻ Abfiltern und gläschenweise genießen.

Sammelzeit: Juli, August

Borretsch-Weintinktur

Für Menschen mit melancholischem Gemütszustand - Borretsch macht ein frohes Herz.

✻ Je 5 g Blüten kommen in 100 g Weißwein. Nur fünf Tage lang ansetzen. ✻ Man seiht ab und trinkt 2 bis 3 Likörgläschen pro Tag.

Sammelzeit: Juni bis August

Eberwurztinktur

bei Bronchialleiden, aber auch zur Stärkung der Libido

✻ 20 g Wurzel mit 100 ml hochprozentigem Kornschnaps oder 60%igem Alkohol übergießen. ✻ 10 Tage ansetzen und im Dunkeln stehen lassen. ✻ Abseihen und 2 Mal täglich 20 bis 30 Tropfen einnehmen.

Sammelzeit: im Frühling vor der Blüte oder ab September

Ehrenpreistinktur

bei zu hohem Cholesterinspiegel verwenden

✻ 10 g Ehrenpreiskraut in 100 ml 40%igem Alkohol (Schnaps) ansetzen. ✻ 10 Tage stehen lassen und abfiltern. ✻ Dunkel lagern.

Sammelzeit: Juni bis August

Eibischtinktur

Aus einigen Tropfen der Tinktur kann, unter Zugabe von Honig und Wasser, die man zum Sirup siedet, ein einfacher Hustensirup hergestellt werden.

100 g gepulverte Wurzel mit 500 g Wodka oder Kornschnaps (mindestens 60%) in ein Gefäß mit gut schließendem Deckel geben. Zwei Wochen an einen warmen Ort stellen, anschließend abseihen, durch ein Tuch oder einen Kaffeefilter. In einer dunklen Flasche aufbewahren.

Sammelzeit: im Frühling vor der Blüte oder ab September

Engelwurztinktur

tropfenweise als Magen- und Stärkungsmittel verwenden

100 g getrocknete Wurzel (nur vom Gelben Enzian – Gentiana lutea) wird mit ½ l hochprozentigem Kornschnaps übergossen und zwei Wochen in die Wärme gestellt. Dann abfiltern und dunkel lagern.

Sammelzeit: im Frühling vor der Blüte oder ab September

Enziantinktur

tropfenweise verwenden bei Beschwerden der Galle

20 g Wurzel werden mit 100 ml 60%igem Alkohol angesetzt und 10 Tage stehen gelassen. Anschließend abfiltern und in kleine dunkle Flaschen füllen. Dunkel und kühl lagern. In den Alpen Universalmedizin!

Sammelzeit: im Frühling vor der Blüte oder ab September

Erdrauchtinktur

mehrmals täglich bei juckenden Hautausschlägen oder Ekzem, ein Leberstärker

20 g Erdrauch mit 100 ml 60%igem Alkohol übergießen, 10 Tage stehen lassen, abfiltern. Aus frischen Erdrauchblättern bereiten.

Sammelzeit: von Mai bis September

Eschentinktur

Ein Gläschen zu den Hauptmahlzeiten fördert Harnfluss und Stuhlgang.

4 g getrocknete Blätter werden mit 100 ml Weißwein angesetzt und 10 Tage stehen gelassen.

Sammelzeit: im Frühling vor der Blüte oder ab September

Einreibung bei rheumatischen Leiden

Eschensamen in Branntwein ansetzen, 8 Tage in der Sonne stehen lassen, abfiltern und äußerlich verwenden.

Sammelzeit: Juli, August

Estragontinktur

magenanregend, aber auch menstruationsfördernd

20 g Estragon mit 100 ml 60%igem Alkohol ansetzen und 8 Tage stehen lassen, danach filtern und in dunkle Flaschen füllen. 20 bis 30 Tropfen nach den Mahlzeiten.

Sammelzeit: Mai bis September

Farnkrauttinktur

Nicht einnehmen, da giftig! In Kissen eingenähter Farn, der über Nacht auf Rheumastellen aufgelegt wird, kann verblüffende Ergebnisse bringen.

Tinktur bereitet man aus den jungen, noch eingerollten Trieben. Ein bis zwei Triebe (je nach Größe) in Teile brechen und mit hochprozentigem Obstbrand oder Kornschnaps übergießen, dass sie gut bedeckt sind. 5 Tage verschlossen bei Zimmertemperatur stehen lassen, dann abseihen und das Kräutergut ausdrücken. Nur äußerlich anwenden, in Form von Kompressen oder im Fußbad, bei Krampfadern und verkrampften Muskeln.

Sammelzeit: Mai, Juni

Faulbaum-Weintinktur

1 Gläschen vor dem Schlafengehen ist für eine sanfte Abführung ausreichend.

2 g pulverisierte Faulbaumrinde in 100 ml Rotwein ansetzen und 10 Tage stehen lassen. Anschließend abfiltern.

Sammelzeit: Mai bis Juli

Faulbaumtinktur

man nimmt 1 Teelöffel vor dem Schlafengehen, ein Abführmittel

20 g Faulbaumrinde in 100 ml klarem Obstschnaps ansetzen und mindestens 10 Tage stehen lassen. Danach abfiltern.

Sammelzeit: Mai, Juni

Gamandertinktur

Gamander entkrampft und beeinflusst Rheuma positiv.

20 g getrockneter Gamander wird mit 100 ml gutem Kornschnaps oder Obstler 10 Tage angesetzt. Abfiltern und vor den Mahlzeiten 20 Tropfen auf Zucker einnehmen.

Sammelzeit: Mai bis September

Gänsefingerkraut-Essenz

bei roten Augen, roten Flecken im Gesicht und zu starker Monatsblutung

50 g frisches zerkleinertes Kraut wird mit 100 ml 60%igem Alkohol übergossen und 10 Tage ins Dunkle gestellt. Abseihen und mehrmals täglich 20 Tropfen einnehmen.

Sammelzeit: Mai bis August

Gänsefingerkraut-Weintinktur

5 g getrocknetes Kraut in 100 ml Weißwein 10 Tage ausziehen. Abfiltern, dies geschieht am besten durch einen Kaffeefilter. Bei Bedarf zwei Gläschen täglich trinken.

Sammelzeit: Mai bis August

Geißrautentinktur

Zwei bis drei Teelöffel täglich sind eine Unterstützung bei der Diabetesbehandlung und sollen helfen, die Blutzuckerwerte zu senken.
✱ 20 g getrocknetes Kraut oder etwas mehr frisches Kraut in 100 ml Obstbrand angesetzen. ✱ 2 Wochen dunkel und kühl stellen. ✱ Abfiltern und dunkel lagern.
Sammelzeit: Juni bis August

Gingkotinktur

zur Verbesserung des Gedächtnisses
✱ 100 g frische Gingkoblätter behutsam mit dem Keramikmesser schneiden. ✱ 200 ml hochprozentigen Obstschnaps oder Korn darübergießen. ✱ Verschlossen und dunkel 2 Wochen stehen lassen. ✱ Danach abfiltern, dabei die Blätter gut ausdrücken. Dies ist die klassische Urtinktur, aus der homöopathische Aufbereitungen oder Mischungen mit anderen Kräutern hergestellt werden können.
Sammelzeit: Sommer bis Herbst

Gingko-Mischung

zur Verbesserung der Lernfähigkeit
✱ 10 ml Gingko-Urtinktur 5 ml Valeriana (Baldrian)-Urtinktur und 1 ml Plumbum aceticum D4 (homöopathischer Bleizucker aus der Apotheke) mit 80 ml gutem Obstler oder Kornbrand (40 %) mischen. ✱ Von dieser Mischung 3 Mal täglich 25 Tropfen unter die Zunge tropfen und langsam schlucken. ✱ Die Wirksamkeit zeigt sich bereits nach etwa 2 Wochen. ✱ Die Zutaten erhält man, so man sie nicht selbst angesetzt hat, in der Apotheke.

Ginsengtinktur

zur Lebensverlängerung und Stärkung des Immunsystems
✱ 20 g Wurzelpulver wird mit 100 ml 60%igem Alkohol übergossen, 14 Tage stehen gelassen, abgefiltert und in dunkle Fläschchen gefüllt. ✱ 1 bis 2 Teelöffel pro Tag nehmen.
Sammelzeit: Herbst

Goldrutentinktur

Ein Likörglas zu den Mahlzeiten unterstützt die Nierenfunktion.

6 g getrocknetes Goldrutenkraut in 100 ml Weißwein ansetzen. 8 Tage stehen lassen, anschließend abfiltern.

Sammelzeit: August bis Oktober

Gnadenkrauttinktur

fördert die ausbleibende Monatsblutung

1 g Gnadenkraut in 100 ml Obstschnaps 8 Tage ausziehen lassen. Abfiltern und höchstens tropfenweise (Gnadenkraut = giftig) verwenden.

Sammelzeit: Juni bis August

Grüner Hafer

Eine Tinktur, die bei Nervenschwäche, Erschöpfung oder Schlaflosigkeit gute Dienste leistet.

Dazu setzt man 100 g grünes, zerkleinertes Haferstroh in 100 ml Obstschnaps an, lässt 10 Tage ausziehen und seiht dann ab. Man nimmt bei Bedarf 15 Tropfen.

Sammelzeit: Frühling bis Sommer

Hagebuttentinktur

unterstützt das Immunsystem in Grippezeiten

40 g in 200 ml Weißwein 10 Tage ansetzen, gläschenweise trinken. Sammelzeit: ab Oktober

Hagebuttentrank

wenn man Nieren- oder Blasensteine hat

Hagebuttenkerne pulverisieren, das Pulver 7 bis 8 Stunden in einem Glas Weißwein einweichen, anschließend gut auspressen und ½ Stunde vor dem Schlafengehen nehmen. Löst Steine in kleine Stückchen auf. Dieses Mittel 2 Tage hintereinander nehmen, dann 8 Tage aussetzen und wieder beginnen, bis zur Heilung.

Sammelzeit: ab Oktober

Hanftinktur

Wirkt bei grünem Star (Glaukom). Kann den Augeninnendruck senken.

Nur der (verbotene) indische Hanf hat ausreichend Inhaltsstoffe. Eine Anzucht im eigenen Garten oder auf dem Balkon wird für Einzelpflanzen, nach Rücksprache mit der Behörde, manchmal erlaubt.

Man braucht eine weibliche Pflanze (es gibt auch männliche). Wenn der Hanf blüht, nimmt man die ersten Blüten und Blätter und füllt sie in ein dunkles Gefäß. Man übergießt mit gutem Wodka (er hat wenig Fusel), bis die Pflanzen bedeckt sind. Das Glas lässt man 14 Tage an einem dunklen Ort stehen und schüttelt täglich. Dann wird abgefiltert. Die Tinktur mehrmals täglich (15 Tropfen) einnehmen, bis der Augeninnendruck sich merkbar verändert. Hanf ist auch bei MS möglich.

Sammelzeit: Sommer

Heidekrauttinktur

bei Strahlenbelastung täglich einnehmen

200 g getrocknetes Heidekraut mit einem Liter Alkohol übergießen. Fünf Wochen dunkel aufbewahren, mehrmals schütteln, abfiltern. Einmal täglich morgens neun Tropfen verbinden sich mit schädlicher radioaktiver Strahlung im Körper und werden mit dieser ausgeschieden. Die Tinktur bleibt über mehrere Jahre wirkstoffreich.

Sammelzeit: Sommer

Herzgespanntinktur

bei nervösen Herzbeschwerden

20 g werden mit 100 ml niedrigprozentigem Alkohol (ab 20 %), dies kann durchaus ein kräftiger Wein oder Südwein sein, angesetzt. 10 Tage stehen lassen, abseihen und ein bis zwei Teelöffel pro Tag nehmen.

Sammelzeit: Juni bis August

Hirtentäscheltinktur

Blutgefäßmittel, blutstillende Wirkung

30 g Samen werden in 100 ml Kornschnaps oder gutem Obstbrand 10 Tage angesetzt und in der Wärme stehen gelassen. Dann wird abgeseiht und in dunkle Fläschchen gefüllt. Man nimmt 25 Tropfen 3 Mal täglich.

Sammelzeit: Mai bis August

Hopfentinktur

wirkt ausgesprochen schlaffördernd

2 Teelöffel Hopfenblüten werden mit 100 ml hochprozentigem Kornschnaps übergossen und 10 Tage in der Wärme stehen gelassen. Man nimmt einen Teelöffel vor dem Schlafengehen.

Sammelzeit: Juli bis August

Huflattichtinktur

wirkt schleimlösend

Eine Hand voll Blüten bzw. Blätter wird in 1 l Kornbranntwein angesetzt, 6 Wochen in die Wärme gestellt, täglich geschüttelt und dann ausgepresst und abgeseiht. Die Tinktur wird in einer Dosierung von 3 Mal täglich 8 bis 10 Tropfen auf Zucker oder in Wasser genommen.

Sammelzeit: Blüten März bis Mai, Blätter bis August

Immergrüntinktur

Wirkt bei Bluthochdruck und ist verdauungsfördernd.

1 große Hand voll frisches Kraut wird mit 0,7 l Weißwein übergossen und 10 Tage stehen gelassen. Den Wein likörgläschenweise trinken, 1 Gläschen pro Tag ist ausreichend.

Sammelzeit: vor der Blüte im März

Isländisch Moostinktur

bei Schwächezuständen, aber auch bei Keuchhusten

2 Teelöffel Kraut werden mit der 10-fachen Menge Korn- oder Obstschnaps angesetzt. 14 Tage stehen lassen, 20 Tropfen bis zu 3 Mal täglich einnehmen.

Sammelzeit: April bis Oktober

Johanniskrauttinktur

1 Teelöffel nach den Mahlzeiten ist verdauungsfördernd und hilft auch bei zu hohem Blutdruck.

2 Teelöffel getrocknetes Johanniskraut mit 100 ml Kornschnaps oder Obstler ansetzen, 10 Tage stehen lassen, danach abfiltern.

Sammelzeit: Sommer

Kalmustinktur

Kann auch als Einreibung bei bettlägerigen Personen verwendet werden, das Wundliegen wird so verhindert.

200 g gereinigte Wurzel wird in 1 l gutem Kornschnaps angesetzt, ca. 10 Tage in die Wärme gestellt und täglich geschüttelt. Von dieser Tinktur nimmt man 3 Mal täglich 15 bis 20 Tropfen in Wasser. Kalmusschnaps stellt man nach demselben Rezept her, lässt aber etwa 6 Wochen stehen, bevor man abfiltert.

Sammelzeit: Frühjahr oder Herbst

Kamillentinktur

wenn der Magen streikt

4 TL Kamille mit etwa 100 ml hochprozentigem Alkohol (etwa 60%) übergießen. Mindestens 10 Tage stehen lassen, besser länger. Abfiltern und 3 Mal täglich 1 Teelöffel nehmen, am besten nach den Mahlzeiten.

Sammelzeit: Juni bis August

Kapuzinerkresseessenz

Kapuzinerkresse nennt man auch »Bauernpenicillin«. Sie wirkt keimtötend, deshalb gut bei Erkältungen und in Grippezeiten.

- 1 Hand voll Blätter wird mit 250 ml hochprozentigem Kornschnaps übergossen.
- 10 Tage in die Sonne stellen. - Abfiltern und in kleine Fläschchen abfüllen.

Sammelzeit: Sommer

Kirschkerntinktur

Impotenz verhindernd

- 15 Kirschkerne werden zerquetscht und mit 100 ml Weingeist übergossen. - Einige Wochen lang im temperierten Zimmer stehen lassen, anschließend abseihen.
- Davon 2 Mal täglich 1 TL in Wasser.

Sammelzeit: Juni, Juli

Klettentinktur

Haut- und Haarerkrankungen behandeln

- Wurzeln und Blätter werden zerstoßen, der Saft wird ausgepresst. - Die doppelte Menge Weingeist dazugeben. - Das Glas wird in die Wärme gestellt und täglich geschüttelt. - Nach 14 Tagen abfiltern. - Von dieser Tinktur nimmt man 2 bis 3 Mal täglich 4 bis 5 Tropfen auf Zucker oder in Wasser.

Sammelzeit: Herbst

Klostersalz

- Klostersalz besteht aus zwei Zutaten: aus echtem Kirsch-Schnaps mit einem Alkoholgehalt von 40-45 % und aus naturbelassenem Salz. Echtes Kristallsalz enthält noch alle lebenswichtigen Mineralien und Spurenelemente in ähnlicher Zusammensetzung, wie sie auch in unserem Blut enthalten sind. Im herkömmlichen, industriell gereinigten Salz kommen diese nicht mehr vor.
- Das Klostersalz wurde um 1900 vom Mediziner Joseph Schmidt hergestellt. Er wandte das Mittel bei seinen Patienten an und war hellauf begeistert.

- Hergestellt wird das Klostersalz sehr einfach, indem man einen Liter Kirsch mit 1 EL Kristallsalz vermischt und solange schüttelt, bis sich das Salz aufgelöst hat. Nach einer noch älteren Überlieferung wird das Kristallsalz zwei Tage lang mit Sonnenenergie aufgeladen, erst dann geht die Hälfte davon ins Kirschwasser. Der andere Teil wird spagyrisch aufbereitet, das heißt gebrannt und verascht. Dann erst wird homöopathisch verschüttelt und erst dann ist die Arznei gebrauchsfertig.
- Das flüssige Klostersalz wird für Einreibungen verwendet, aber auch verdünnt getrunken (Kinder und Alkoholkranke dürfen damit natürlich nicht behandelt werden). In der Regel sind das täglich 1 bis 2 TL Klostersalz, vermischt mit heißem Wasser. Besonders hervorzuheben sind die Einreibungen am Kopf. Hier enden alle Meridiane, vom Kopf weg sind die Energiebahnen mit allen Organen des Körpers verbunden. Wird nun die Kopfhaut eingerieben, so kann sich das auf die inneren Organe stärkend auswirken, besonders die Entgiftung der Leber wird angeregt. Überhaupt setzt so eine Klostersalz-Therapie starke Entgiftungsprozesse in Gang.
- Hilfreich ist Klostersalz vor allem bei Akne (äußerlich und innerlich), bei Arthritis (Einreibungen und trinken), bei Blähungen (trinken), zur Vorbeugung von Erkältungskrankheiten und Grippe (trinken und Kopfmassage), bei Kopfschmerzen (Kopf einreiben), bei Muskelschmerzen und Rheuma (äußerlich und innerlich), bei Zahnfleischbluten (Spülungen). Aus Klostersalz können auch wirksame Schönheitsmasken hergestellt werden, kleine Fältchen verschwinden im Nu.

Knoblauchtinktur

für mehr Jugendfrische

- 4 Knoblauchzehen werden blättrig geschnitten und mit 100 ml hochprozentigem Alkohol vermischt. - Man lässt etwa 14 Tage stehen und filtert anschließend ab. - Bei der Tinktur lohnt es sich, auszuprobieren, wie viel man nehmen kann, ohne zur Geruchsbelästigung für die Umgebung zu werden. Jeder Mensch hat eine andere »Geruchsschwelle«, ab der es unangenehm wird. Beginnen Sie mit 3 Tropfen pro Tag und steigern Sie täglich um 2 Tropfen, bis mindestens 20 erreicht sind. Dann wieder täglich um 2 Tropfen weniger nehmen, bis Sie wieder bei 2 bis 3 Tropfen angelangt sind (Kur).

Sammelzeit: Herbst

Königskerzentinktur

Auf Zucker genommen, ist die Tinktur ein gutes Hustenmittel.

Ein breithalsiges Glas mit festem Schraubverschluss wird mit gutem Kornbrand gefüllt und unter die Pflanze gestellt, die gerade zu blühen beginnt. Täglich werden die frisch aufgeblühten Blüten am Vormittag in das Glas getan, danach wird wieder verschraubt, bis das Glas voller Blüten ist, die im Kornbrand schwimmen. Die Tinktur täglich schütteln und etwa 4 Wochen in der Wärme stehen lassen. Es bleibt Ihnen überlassen, ob Sie die Königskerzenblüten abfiltern oder im Glas lassen!

Sammelzeit: Juli bis August

Kopfschmerztropfen

Königskerzen-Blättersaft mit gleich viel Weingeist vermischen, einige Tage stehen lassen. Die helle Flüssigkeit in dunkle Flaschen füllen, den dunklen Satz wegschütten. Von dieser Tinktur werden 5 bis 10 Tropfen 2 bis 3 Mal täglich in Wasser genommen.

Sammelzeit: Juli bis August

Korinandertinktur

leitet Schwermetalle aus dem Kopfbereich aus

In der Samenhandlung erhält man bereits Samen, die auch unsere Witterung überstehen. Man lässt den Koriander bis zur Blüte wachsen. Dann erntet man Stängel, Blätter und Blüten. Zerkleinern und in ein großes dunkles Glas füllen. Mit gutem Bio-Weißwein übergießen. Etwa 3 Wochen stehen lassen, dann abseihen. Täglich 1 Gläschen in den Salat, in eine Suppe oder pur weckt die Lebensgeister.

Krentinktur

bei rheumatischen Beschwerden

1 kleingeschnittene Wurzel mit ¼ l reinem Alkohol ansetzen. 8 Tage stehen lassen, abfiltern und tropfenweise auf Zucker einnehmen. Wenn man diese Tinktur äußerlich anwenden will, dann muss man sie im Verhältnis 1:2 mit Wasser verdünnen.

Sammelzeit: Vorfrühling, Spätherbst

Kümmeltinktur

Man nimmt bis zu 30 Tropfen, wenn man an Völlegefühl, Blähungen oder Krämpfen im Darmbereich leidet.

2 gehäufte Teelöffel Kümmel werden mit 125 ml 60%igem Alkohol für 10 Tage in die Sonne gestellt. Dann wird abgeseiht. Mit 125 ml Wein angesetzt, wird die Tinktur gläschenweise genommen und ist weniger lange haltbar.

Sammelzeit: Juli bis August

Lavendeltinktur

Als Rheumaeinreibung oder als Haartinktur bei Haarausfall verwenden.

1 Hand voll Lavendelblüten werden mit ¼ l klarem Obstschnaps 10 Tage angesetzt und in der Wärme stehen gelassen. Danach abfiltern.

Sammelzeit: Juli bis August

Lebenselixier für ältere Menschen

2 Hand voll kleingeschnittene frische Blätter und Blüten der Zitronenmelisse, je 1 TL getrocknetes Tausendgüldenkraut, Wermut und Rosmarinblätter werden mit 1 l Kornbrand übergossen und 14 Tage in der Wärme stehen gelassen. Täglich einmal schütteln, danach abfiltern und auspressen. 1 EL dieses Elixieres wird mit 1 Tasse heißem Wasser verrührt und mit Kandiszucker oder Honig gesüßt. 2 Mal täglich trinken.

Sammelzeit: Sommer

Lebenselixier

nur aus getrockneten Zutaten bereiten

30 g Aloe, 4 g Safran, 8 g Rhabarberwurzel, 4 g Lärchenschwamm, 2 g Enzianwurzel, 4 g Zitwerwurzel (Zedoariae rhizoma), 4 g Myrrhe, 4 g Ginsengwurzel, 8 g Angelikawurzel, 60 g Gingkoblätter Diese Mischung wird stark zerkleinert, in 1½ l gutem Kornbrand ca. 2 Wochen in die Wärme gestellt (nicht in die Sonne) und täglich geschüttelt. Anschließend filtert man ab und füllt den angereicherten Alkohol in eine 3 l-Flasche. Über den Filterrückstand gibt man wiederum Alkohol, er soll ca. 2 bis 3 cm über den Kräutern stehen. 4 bis 5 Wochen in die Wärme stellen und täglich schütteln, anschließend nochmals filtern. Dann kann der zweite Ansatz dem ersten beigegeben werden. Vom ersten Ansatz kann in der Zwischenzeit schon genommen werden. Täglich 1 bis 2 Mal ca. 15 bis 20 Tropfen mit Wasser.

Löwenzahntinktur

Leber- und Gallemittel

2 bis 3 frische, mittlere Wurzeln werden mit ¼ l Kornschnaps oder Obstbrand 14 Tage angesetzt, dann wird abgeseiht und untertags mindestens 3 Mal ein Esslöffel genommen.

Sammelzeit: April bis Oktober

Mariendisteltinktur

Zur Nachbehandlung von Hepatitis und Lebererkrankungen.

3 Esslöffel zermörserte Samen mit ¼ l hochprozentigem Alkohol ansetzen, 10 Tage stehen lassen, abfiltern. 2 Mal täglich 20 Tropfen nehmen.

Sammelzeit: Juni bis September

Meisterwurztinktur

Diese Tinktur senkt den Blutdruck.

Auf je 1 EL frische, zerkleinerte Meisterwurz-Wurzel kommen 5 EL Alkohol. Man richtet sich nach der Menge Meisterwurz, die man zur Verfügung hat. Das Gemisch wird in einem weithalsigen Glas angesetzt und einige Wochen ins Dunkle gestellt. Dann seiht man ab.

Sammelzeit: Wurzeln im Frühjahr oder Herbst

Melissentinktur

bei nervösen Zuständen, Kopfschmerzen, Menstruationsschmerzen und Wochenbettbeschwerden

1 Hand voll frische Melisse wird in ¼ l Kornschnaps angesetzt und etwa 10 Tage stehen gelassen. Abfiltern und schmerzende Stellen damit einreiben oder tropfenweise auf Zucker einnehmen.

Sammelzeit: Blätter vor Blühbeginn

Myrrhen-Tinktur

bei Leberproblemen

4 g Myrrhe werden in ¼ l Wein oder Branntwein angesetzt und aufgelöst. Täglich 6 Tropfen auf 125 ml Wasser.

Nelkenwurztinktur

bei nervösem Weißfluss, aber auch bei Alterszucker

250 g frische Wurzeln werden in 1 l 70%igem Weingeist 14 Tage bei ca. 20 Grad angesetzt. Nachher wird abgefiltert und in dunkelbraune Flaschen gefüllt. Bei Bedarf alle 3 Stunden 20 Tropfen einnehmen.

Sammelzeit: Frühjahr oder Herbst

Nusstinktur

bei entzündeten Schleimhäuten

1 kleine Hand voll frische Blätter in 1 Flasche Rotwein 14 Tage ansetzen. Danach abgießen und nach den Mahlzeiten 1 Likörglas voll trinken.

Sammelzeit: Blätter im Juni

Prostatatinktur

1 Teelöffel Samenkörner vom Rittersporn mit ½ l hochprozentigem Branntwein ansetzen und 2 Monate in der Wärme stehen lassen. Öfter schütteln. Täglich 10 Tropfen in einer Tasse Wasser, Kirschblätter- oder Kirschstängel-Tee.

Sammelzeit: ab August

Quendeltinktur

bei Frauenbeschwerden, auch in den Wechseljahren

5 EL Quendel werden mit ¼ l hochprozentigem (mindestens 60 %) Alkohol übergossen und 10 Tage stehen gelassen. Danach abfiltern. 1 EL 3 Mal täglich nach dem Essen.

Sammelzeit: Juli bis September

Rainfarntinktur

Nur äußerlich anwenden, da giftig, für aufgesprungene Hände und Furunkel.

Die goldgelben frischen Blüten werden in ¼ l Kornschnaps angesetzt und 5 Tage ausgezogen. Man filtert und verwendet die Tinktur ausschließlich äußerlich.

Sammelzeit: Sommer vor der Blüte

Ringelblumentinktur

bei Gallenproblemen und schwachem Magen

1 Hand voll frische Ringelblumen mit ¼ l Obstbrand ansetzen und 10 Tage in der Wärme stehen lassen. Abfiltern und tropfenweise verwenden.

Sammelzeit: Juni bis Oktober

Rosmarintinktur

für Gedächtnis, Nerven und bessere Leberwerte

60 g getrocknete oder mehr frische Blätter werden in ¼ l hochprozentigem Alkohol fünf Tage angesetzt. Man gießt ab und nimmt die Tinktur tropfenweise auf einem Stück Zucker.

Sammelzeit: Juli bis August

Rosskastanientinktur

für widerstandsfähige Haut und bessere Durchblutung

Frische Blüten, Rinde und Blätter werden mit so viel hochprozentigem Alkohol übergossen, dass alles bedeckt ist. 10 Tage in die Sonne stellen, dann abfiltern und in dunkle Fläschchen füllen. Tropfenweise auf Zucker einnehmen oder als Einreibung verwenden.

Sammelzeit: Mai, Juni

Schlüsselblumentinktur

bei Gicht, Rheumatismus und Migräne

20 g getrocknete Wurzeln werden mit 100 ml hochprozentigem Alkohol 10 Tage angesetzt. Dann wird abgefiltert und die Tinktur tropfenweise auf Zucker eingenommen.

Sammelzeit: Frühling

Schöllkrauttinktur

bei Leberschäden

20 g getrocknete Schöllkrautwurzel oder Kraut werden mit 100 ml reinem Kornschnaps übergossen und 7 Tage stehen gelassen. Dann filtert man ab und nimmt die Tinktur tropfenweise auf Zucker.

Sammelzeit: Wurzel im Frühling, Blätter bis Sommer

Schöllkrautwasser

bei Lebererkrankungen, regt den Gallenfluss an

Man nimmt 3 EL geschnittenes frisches Schöllkraut (ohne Blüten) und übergießt mit ¼ l 40%igem Obstschnaps. Verschließen oder abdecken und 4 Tage in der Küche stehen lassen. Dann abfiltern und den Alkohol mit ¾ l abgekochtem Quellwasser vermischen. Von dieser Mischung täglich 1 kleines Gläschen trinken.

Sammelzeit: Sommer

Schwedenkräuter

nur aus getrockneten Pflanzenteilen, ein Allheilmittel, innerlich und äußerlich zu verwenden

Eine Mischung aus 4 g Aloe, 5 g Kurkumawurzel, 4 g Lärchenschwamm, 4 g Enzianwurzel, 4 g Safran, 4 g Rhabarberwurzel, 4 g Angelikawurzel, 4 g Kalmuswurzel werden stark zerkleinert, in ca. 1½ l gutem Kornbrand ca. 2 Wochen in die Wärme gestellt (nicht in die Sonne) und täglich geschüttelt. Man seiht oder filtert ab und füllt die Flüssigkeit in eine 3-l-Flasche. Über den Rückstand gießt man nochmals so viel Alkohol, dass er ca. 2 bis 3 cm über den Kräutern steht. Diesmal 4 bis 5 Wochen in der Wärme stehen lassen und wiederum täglich schütteln. Auch den zweiten Ansatz abfiltern und in die 3-l-Flasche füllen. Vom ersten Ansatz kann inzwischen schon genommen werden, man nimmt täglich 1 bis 2 Mal ca. 15 bis 20 Tropfen mit Wasser.

Sonnenhuttinktur

zur Unterstützung des Immunsystems

Die frische Wurzel im Verhältnis 1:5 in Obstbrand oder Kornschnaps ansetzen und 10 Tage ziehen lassen. Dann abfiltern und tropfenweise anwenden.

Sammelzeit: Frühling und Herbst

Steinkleetinktur

tropfenweise einnehmen, verbessert die Durchblutung

1 Hand voll frisches Steinkleekraut mit vielen Blüten, die man etwas zerkleinert, wird mit Kornschnaps übergossen, sodass die Pflanzenmenge gut mit dem Alkohol bedeckt ist. Man lässt 10 Tage stehen und filtert dann ab.

Sammelzeit: Juni bis August

Stiefmütterchentinktur

bei Akne und Hautkrankheiten

Die ganzen angequetschten frischen, Pflanzen in ein weithalsiges Gefäß füllen und mit so viel Kornschnaps oder Obstschnaps übergießen, dass die Pflanzenteile bedeckt sind. 10 Tage stehen lassen und abfiltern. Tropfenweise verwenden.

Sammelzeit: April bis August

Storchschnabeltinktur

fördert die Empfängnisbereitschaft

20 g getrocknetes Kraut und Wurzeln gemischt werden in 100 ml 60%igem Alkohol angesetzt. 1 Woche stehen lassen, abfiltern und tropfenweise einnehmen.

Sammelzeit: Mai bis August

Tausendgüldenkrauttinktur

wirkt bei allen Magenbeschwerden

20 g getrocknetes Kraut werden mit gutem Kornschnaps (150 bis 200 g) 1 Woche an einen warmen Ort gestellt, es wird täglich geschüttelt. Danach abseihen, auspressen und lichtgeschützt aufbewahren. Bei Bedarf nimmt man 2- bis 3 Mal täglich 15 bis 20 Tropfen auf Zucker oder mit Wasser.

Sammelzeit: Juni bis August

Topinamburtinktur

gegen Übergewicht

1 frische Knolle mitsamt der Schale reiben und in ein weithalsiges Gefäß füllen. Mit so viel hochprozentigem (60 %) Alkohol übergießen, dass die Gemüsemasse bedeckt ist. Etwa 10 bis 14 Tage bei Zimmertemperatur abgedeckt stehen lassen. Durch einen Kaffeefilter abgießen und dunkel lagern.

Sammelzeit: Herbst bis Winter

Veilchenelixier

einzusetzen bei Beschwerden im Klimakterium

20 g frische Veilchen mit 600 ml Wein etwa 5 Minuten kochen, durchseihen und dem Wein ca. 50 g Galgant und 10 g Süßholz beifügen. Nochmals aufkochen und anschließend abfiltern. Man trinkt 4 bis 6 Wochen täglich 1 Mal ½ Tasse.

Sammelzeit: März bis April

Wacholdertinktur

bei Sodbrennen, Durchfall, Leber- und Gallebeschwerden

1 Teil Beeren und 4 Teile mindestens 40%iger Alkohol (Kornschnaps) werden 14 Tage in die Sonne gestellt. Immer wieder schütteln, abfiltern. Tropfenweise einnehmen.

Sammelzeit: Herbst

Waldmeistertinktur

Stärkung und Reinigung der Leber und Blutreinigung

Für die Waldmeistertinktur wird das frische angewelkte Kraut mit gutem Kornbrand übergossen, bis die Pflanzen gut bedeckt sind. Dunkel und warm lagern und nach etwa 10 Tagen durchseihen und die Pflanzen dabei gut ausdrücken. In ein Glasgefäß füllen, verschließen und dunkel lagern.

Sammelzeit: April bis Mai

Wasserlilientrank

Blasen- und Nierensteine sollen sich auflösen!

3 trockene Wasserlilienwurzeln pulverisieren. Mit Weißwein, Fenchelabsud und Petersilienwurzel im Wasserbad kochen, durchseihen. 2 Likörgläser pro Tag trinken. In 9 Tagen soll man von den Steinen erlöst sein.

Sammelzeit: Herbst

Wechseljahrelixier

hilft auch bei Melancholie

Aronstabelixier: 1 bis 2 Teelöffel getrocknete und zerkleinerte Aronstabwurzel in 1 Liter Wein kochen und abfiltern. Täglich ca. 20 ml über 4 bis 6 Wochen nehmen, in schweren Fällen mehrmals täglich. (Achtung, Aronstab ist giftig)

Sammelzeit: Frühling oder Herbst

Weinrautentinktur

innerlich und äußerlich bei Gelenks- und Muskelschmerzen

20 g Weinraute wird mit 100 ml Kornschnaps übergossen und 14 Tage ausgezogen. Danach abseihen und tropfenweise verwenden.

Sammelzeit: Mai bis August

Weißdornelixier

Ein wunderbares Mittel zur Blutdruckregulierung. Wenn das Herz unregelmäßig oder zu schnell klopft und es deshalb zu Schlafstörungen kommt.

* Dazu brauchen Sie Weißdornrinde von jungen Zweigen (höchsten so dick wie der kleine Finger). * Die Rinde wird im Herbst, nachdem das Laub abgefallen ist, geschält (kann getrocknet oder sofort verwendet werden). * Etwa 100 g zerkleinerte Rinde in ein Glas geben und mit 100 ml gutem Quellwasser übergießen. * In der Wärme 3 Tage ziehen lassen. * Dann mit 400 ml hochprozentigem Alkohol (aus der Apotheke, 96 %) übergießen. * Weitere 3 Wochen stehen lassen. * Erst dann abseihen und in dunkle Flaschen füllen. * Die Nachreifezeit dauert ½ Jahr. * Erst dann verwenden, und zwar immer tropfenweise

Weißdorntinktur

Die Tinktur ist mehrere Jahre haltbar und wirkt kreislaufregulierend.

* Die Tinktur wird aus frischen Blüten oder Beeren bereitet, indem man mit der doppelten Menge hochprozentigem Alkohol, das kann ein erstklassiger Obstbrand oder Kornschnaps sein, übergießt. * Einige Wochen dunkel lagern und dann abfiltern.

Sammelzeit: Frühling oder Herbst

Weißdornwasser

Dieses Tonikum hilft bei Herzbeschwerden, aber auch bei Bauchweh.

* Die Ayurveda-Medizin kennt ein Herztonikum, welches durch das Auskochen der Beeren hergestellt wird. * 12 g getrocknete Weißdornbeeren werden in 600 ml Wasser zusammen mit etwas Zimtrinde etwa ½ Stunde lang auf kleiner Flamme gekocht. * Davon trinkt man 1 kleines Glas täglich.

Sammelzeit: Herbst

Wermuttinktur

Wenn man ständig kränkelt und mit Kreislaufstörungen kämpft.

Die Tinktur stellt man aus 1 Teil zerschnittenem frischem Kraut und 5 Teilen verdünntem Weingeist (oder hochprozentigem Kornschnaps) her. Man lässt 10 Tage stehen und seiht dann ab. Tropfenweise verwenden.

Sammelzeit: Juni bis August

Wermut-Trank nach Hildegard von Bingen

der klassische Maitrunk der hl. Hildegard zur Entschlackung

Entweder man presst die frischen Wermuttriebe in einer Holzpresse oder – so diese nicht vorhanden ist – zerstampft man im Mörser und presst den Saft anschließend durch ein Tuch. Man braucht nicht sehr viel vom Saft. Auf 1 l biologischen Rotwein nimmt man etwa 40 ml (oder weniger!) Wermutsaft und 150 g Honig. Laut Hildegard werden Wein und Honig aufgekocht, dann wird der Wermutsaft dazugegeben und vermischt. Die Fertigprodukte sind wegen der längeren Haltbarkeit in der Regel durch nochmaliges Kochen haltbar gemacht. Das braucht es im Privathaushalt nicht unbedingt, kann aber natürlich auch geschehen Wenn der Maitrunk regelmäßig genommen wird, ist die Flasche nach etwa 7 Wochen leer und so lange hält der Rotwein im Kühlschrank.

Jeden 3. Tag ein Likörglas voll vor dem Frühstück trinken – das regt die Ausscheidung von Stoffwechselprodukten an und stärkt vor allem die Nieren. Geschwächte Nieren sind häufig der Grund dafür, dass Schlacken sich an den Gefäßwänden und im Bindegewebe ablagern, Sehschwäche kann ein erstes Zeichen dafür sein. So wird die Wermutkur eine vorbeugende Maßnahme gegen die Zivilisationskrankheit schlechthin, die Arteriosklerose, bei der die Herzkranzgefäße betroffen sind und die auch die Lungendurchblutung schädigt.

Winterliches Entschlackungspulver

Zur inneren Reinigung, als Unterstützung bei Schlankheitskuren, zum Auffüllen der körpereigenen Speicher, als Kräftigung für alle Organe.

Gleiche Teile Samen von Anis, Fenchel und Kümmel pulverisieren (in der Kaffeemühle). Gleiche Teile getrocknete Schafgarbenblüten, getrocknete Bibernellwurzel und getrocknetes Wermutkraut im Mörser zerreiben. Mischen. Täglich 1 TL voll mit reichlich Tee oder Wasser nehmen oder in Suppen oder über Gemüse streuen.

Zaunrübentinktur

Bei starken Kopfschmerzen vorsichtig verwenden, giftig.

1 Teil Wurzel und 5 Teile Weingeist werden 3 bis 5 Wochen in die Wärme gestellt und danach abgefiltert. In dunklen Flaschen lagern, 4 bis 6 Tropfen in Wasser 3 bis 4 Mal täglich nehmen.

Sammelzeit: Frühjahr vor der Blüte

Mischtropfen für bessere Durchblutung

Bei allen Durchblutungsstörungen und vor allem bei Tinnitus. Bei Ohrgeräuschen sofort verwenden.

1 frische Rosskastanie zerkleinern und im Mörser zerstoßen. 2 frische Knoblauchzehen ebenfalls zerkleinern. 5 bis 6 frische Weißdornbeeren dazugeben. 1 EL getrocknete (oder 2 EL frische) Gingkoblätter zerkleinern. Alles mischen und mit hochprozentigem Alkohol so übergießen, dass der Alkohol etwa 4 bis 5 cm über dem Pflanzengut steht.

Für 2 Wochen bei normaler Zimmertemperatur ziehen lassen und täglich schütteln. Dann abseihen und ab dem Morgen bis zum frühen Nachmittag mehrmals 8 bis 10 Tropfen nehmen.

Mischtropfen bei Depression oder Aufregung

sind auch schlaffördernd und beruhigend

✱ Gleiche Teile frische Zitronenmelisse, Lavendel, Johanniskraut und Quendel mit ½ Teil getrockneter Baldrianwurzel mischen und zerkleinern. ✱ Die Pflanzenmenge mit hochprozentigem Alkohol bedecken, er soll 3 Handbreit über dem Pflanzengut stehen. ✱ 14 Tage ziehen lassen, immer wieder aufschütteln. ✱ Dann abseihen und dunkel aufbewahren.

Mischtropfen bei Rheuma

Bei ständigen Rheumaschmerzen hin und wieder als Kur nehmen.

✱ ½ Hand voll frische junge Fliederblätter, 2 bis 3 frische Wacholdertriebe (nur den vordersten Teil), 2 Rosmarinzweige mitsamt dem bereits verholzten Teil, 2 Lavendelzweige, 1 EL Korinadersamen, ½ frische Ingwerknolle. ✱ Alles zusammen zerstoßen, bzw. zerkleinern. ✱ Mit reichlich Alkohol übergießen und 3 Wochen verschlossen ziehen lassen. ✱ Für den Gebrauch einige Tropfen in Wasser nehmen (immer verdünnen!).

Kräuter-Sirup herstellen

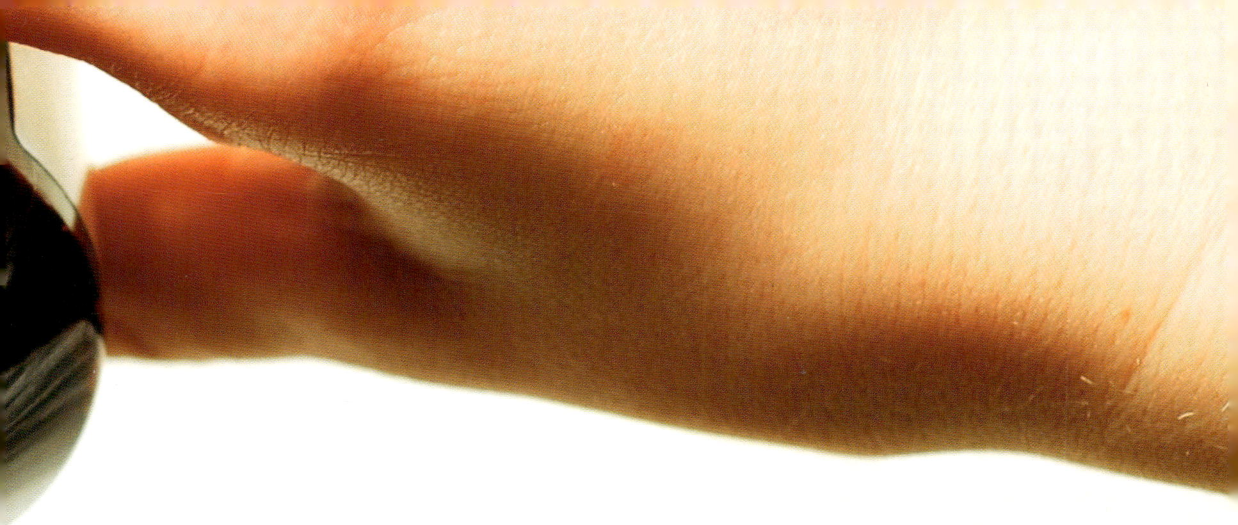

Grundrezept

- 2 Teile Zucker (oder Honig) und 1 Teil Kräutertee, Kräutersaft oder Tinktur der für die Anwendung geeigneten Pflanze werden gut miteinander verrührt.
- Den Sirup kann man teelöffelweise einnehmen.

Eibisch-Hustensirup

Besonders für Kinder zu empfehlen!

Einige zerkleinerte Eibischwurzelstücke (im Mörser grob zerkleinern) gibt man in einen Kaffeefilter. Man übergießt mit einer Mischung aus ½ Kaffeelöffel Weingeist und 100 ml Wasser. ❋ Das ablaufende Wasser auffangen und sofort wieder über die Eibischwurzeln gießen. ❋ Diese Prozedur etwa eine Stunde wiederholen. ❋ Die zurückbleibende Flüssigkeit verrührt man mit 100 g Zucker, der sich unter Rühren auflösen soll. ❋ Anschließend kocht man den Sirup auf und füllt ihn in eine Flasche. Er ist äußerst wohlschmeckend, hält aber nicht lange und muss kühl gelagert werden.

Gerstenwasser

Ist ein gutes Hustenmittel, das auch von Kindern gerne genommen wird.

❋ Etwa ¼ kg Gerste (aus biologischem Anbau) mit 2 TL getrocknetem Thymian und 1 l Wasser kochen, bis die Gerste weich ist. ❋ Das Wasser abseihen, mit etwas Honig süßen. ❋ Das Gerstenwasser bei Husten, der sich gar nicht lösen will, laufend trinken.

Honig-Karotten-Sirup

Ein schleimlösendes Mittel gegen Husten, auch bei Heiserkeit und Mundfäule anzuwenden. Dieser Sirup hilft bei chronischer Bronchitis und bringt Linderung bei Asthma.

❋ 1 vollen EL Honig (wenn nötig, im Wasserbad verflüssigen) mit 2 EL frischem Karottensaft verquirlen. ❋ Kühl und dunkel stellen. ❋ Tagsüber in kleinen Portionen einnehmen.

Huflattichsirup

Er hilft bei Husten und wird auch von Kindern gerne genommen.

❋ Huflattichblüten oder kleingeschnittene, junge Huflattichblätter (beides zusammen ist nie verfügbar, da Huflattichblüten vor den Blättern wachsen) werden schichtweise mit Rohzucker in ein Glas gefüllt. Gut verschließen. Über einen Zeitraum von 8 Wochen in der Erde vergraben oder in den Keller stellen. Nach dem Ausgraben wird der Sirup aufgekocht und abgefüllt.

Hustenaufstrich

125 g Magertopfen (Magerquark), 125 g Schlagobers (süße Sahne), ½ frische geriebene Krenwurzel (Meerrettich), 1 bis 2 EL Weinessig oder Zitronensaft, 1 bis 2 EL Galgantpulver, je eine Prise Pfeffer, Kardamom, Ingwer und Bertram, 1 Prise Salz. Den Topfen mit Schlagobers, den Kräutern und Gewürzen gut vermischen, den geriebenen Kren unterrühren und mit Salz und etwas Zitronensaft oder Weinessig abschmecken. 1 bis 2 EL mehrmals täglich auf einem Stück Brot.

Hustensaft

Zutaten: Je 2 gehäufte EL Anis, Fenchel, Dillsamen und Dillkraut, dieselbe Menge an Salbei und Thymian, ½ l Wasser, 500 g Bienenhonig. Anis, Fenchel, Dillsamen und Dillkraut im Mixer pürieren, mit etwas Wasser aufkochen lassen. Ebensoviel Salbei und Thymian im restlichen Wasser aufkochen und abseihen. Kräuterpüree und Tee mischen, mit dem Bienenhonig aufkochen, gut durchrühren und heiß in Flaschen abfüllen. 1 bis 2 EL mehrmals täglich.

Hustensirup, einfach

Maiwipfel (frische Triebe der Fichte oder Tanne), Huflattichblätter und Spitzwegerichblätter lagenweise übereinanderschichten. Dazwischen immer eine Schicht braunen Rohrzucker geben. Das Glas 14 Tage in die Sonne stellen. Kraut entfernen, Sirup kühl lagern.

Hustensirup, nach Felix Grünberger

Folgende Kräuter werden der Reihe nach frisch geerntet. Man beginne mit Lungenkraut, dann Spitzwegerich, Huflattichblätter, Thymiankraut, Andorn, Oregano (wilder Majoran), Wolfstrapp. Klein schneiden und schichtweise in ein weithalsiges Keramikgefäß oder ein großes Glas geben. Da die Kräuter zu verschiedenen Zeiten geerntet werden, erfolgt folgendes Zeremoniell:

- Eine Schicht Kräuter in ein großes weithalsiges Glas geben. Ca. 1 cm hoch soll die Kräutermasse sein. Anpressen und eine Schicht Biozucker dicht darüber streuen, die Masse muss bedeckt sein.
- Nach jedem Kraut die Masse mit einem Holzdeckel (muss etwas kleiner als das Glas sein) abdecken und mit einem Stein beschweren.
- Das Gefäß zudecken und an einem Ort aufbewahren, wo es zu keinen hohen Temperaturschwankungen kommt.
- Nach mehreren Lagen sollte sich an der Oberfläche ein brauner Saft bilden. Ende September wird das Ganze mit etwas Wasser langsam ca. ½ bis ¾ Stunde abgekocht. Dann die Masse abseihen und ausdrücken.

Für ca. 2 l Hustensaft gibt man dazu:

- 200 g echten Waldhonig
- 50 g Fichtenzapfensirup (extra zubereiten)
- 10 ml Eibischwurzeltinktur (extra zubereiten)
- 15 ml Hirschzungentinktur (extra zubereiten)
- 10 ml Isländisch Moos-Tinktur (extra zubereiten)
- 10 ml Meisterwurztinktur (extra zubereiten)
- 10 ml Angelika-Tinktur (extra zubereiten)
- 10 ml Königskerzentinktur (extra zubereiten)

Alles zusammen gut durchrühren und abschmecken. Der Hustensaft, bzw. Sirup soll angenehm süß schmecken. Falls er zu dünn ist, kann Wildhonig nach Belieben eingerührt werden. Von diesem Hustensaft nimmt man 5 bis 6 Mal täglich 1 Teelöffel voll, gut einspeicheln, weil er dann besser wirkt. Er ist auch für Kinder geeignet (sobald die Kleinen feste Nahrung zu sich nehmen).

Kräftigender Hustensaft bei Fieber

im Juni oder Juli herstellen, wenn alles blüht

Zutaten: 1 Hand voll frische Spitzwegerichblätter, 1 Hand voll Stiefmütterchen (oder ½ Hand voll getrocknete Veilchen), 1 Hand voll blühender Quendel, 1 Hand voll frische Mädesüßblüten, 1 Hand voll frisches Melissenkraut, 1 Hand voll frische Lindenblüten, ½ Hand voll Königskerzenblüten, ½ Hand voll frische Efeublätter, 2gehäufte Esslöffel zerstoßene Anissamen, ¼ kg Honig

Die Pflanzen mit dem Keramikmesser grob zerkleinern, mit dem Honig vermischen und mit mindesten 60 %igem Alkohol 10 bis 14 Tage so ansetzen, dass der Alkohol die Pflanzenteile gut überdeckt. Täglich schütteln. Nicht in die Sonne stellen. Dann abseihen und tropfenweise, mit Wasser verdünnt, verwenden.

Käsepappelsirup

bei jeder Art von Husten, aber auch bei Magenleiden

30 g Blüten und Blätter mit ½ l kochendem Wasser überbrühen und 24 Stunden ziehen lassen. 150 g Kandiszucker im Tee auflösen und etwa 20 Minuten auf kleiner Flamme sieden lassen. Anschließend durchseihen. Kühl aufbewahren und bei Husten teelöffelweise nehmen.

Knoblauchsirup

damit die Gefäße jugendfrisch bleiben

10 Knoblauchzehen werden zerdrückt und mit 10 Teelöffeln Honig verrührt. Dann erhitzt man gemeinsam mit einigen Esslöffeln Wasser, lässt das Ganze auskühlen, filtert ab und stellt den Sirup in einer Flasche kühl. Der Sirup ist zum baldigen Verbrauch bestimmt. Man kann den Sirup auch herstellen, indem man 2 zerdrückte Knoblauchzehen in 20 ml Wasser einweicht, und zwar 1 Tag lang. Dann wird gefiltert und so viel Honig zugefügt, wie die Flüssigkeit aufnimmt. Man rührt den Honig so lange ein, bis eine sirupartige Substanz entsteht. Man nimmt nach Bedarf bis zu 3 EL pro Tag.

Löwenzahnsirup

wunderbare Reinigungsfunktion für den Körper, unterstützt die Galle und Leber

Gelbe, voll erblühte Blütenköpfe, eventuell je nach Geschmack gemischt mit Tannen- bzw. Fichtenspitzen, schichtet man in einen verschließbaren Steinguttopf. Nach jeder Schicht Pflanzen kommt eine Schicht Zucker. Immer abwechselnd Blüten, Zucker, Tannenspitzen, Zucker, Blütenköpfe usw. in den Steinguttopf geben und einige Wochen stehen lassen, bis der Zucker zur Gänze zergangen ist. Den entstandenen Honig als Brotaufstrich verwenden oder löffelweise essen. Noch besser wird dieser Honig, wenn man den penibel verschlossenen und abgedichteten Steinguttopf über den Sommer an einer gut bestrahlten Stelle im Garten vergräbt.

Schlüsselblumensirup

Hustenmittel für Kinder und alte Menschen

Man kocht 1 Esslöffel zerkleinerte Wurzel mit wenig Wasser etwa 5 Minuten aus. Seiht ab und vermischt die Flüssigkeit so lange mit Honig, bis ein dicker Sirup entsteht. Er wird teelöffelweise genommen und wirkt bei Husten.

Spitzwegerichsaft

ein Hustensaft

Frische oder getrocknete Spitzwegerichblätter mit ein wenig abgekochtem Wasser im Mörser zerstoßen. Aufkochen und mit viel Honig vermischen.

Tannenwipfelsirup

teelöffelweise bei Husten einnehmen

In ein weithalsiges Gefäß werden schichtweise frische Tannentriebe und Zucker gefüllt. Nicht lose streuen, sondern die Schichten gut anpressen. Das volle Glas wird verschlossen und im Dunkeln so lange stehen gelassen, bis der Zucker flüssig geworden ist.

Thymiansirup

Geeignet ist diese Zubereitung besonders bei Asthmaanfällen oder hartnäckigem Husten, auch für Kinder.

Für jeden Tag wird die Menge frisch bereitet. 1 EL Bienenhonig mit 1 TL Thymianpulver (=gemörsertes, getrocknetes Kraut) vermengen, dazu etwa ¼ l schwarzen Johannisbeersaft mischen. Über den Tag verteilt stamperlweise trinken.

Veilchen-Sirup I

bei Keuchhusten und Bronchialleiden

1 Tasse frische Veilchenblüten mit ¼ l kochendem Wasser übergießen und 1 Tag stehen lassen. Man seiht diese Mischung ab, erhitzt sie und gießt sie über eine weitere Tasse frische Veilchenblüten. 24 Stunden stehen lassen und anschließend abseihen und mit so viel Honig vermischen, dass ein dicker Sirup entsteht.

Veilchen-Sirup II

Wirkt herzstärkend, fiebersenkend, schlaffördernd, bei Seitestechen und ist ein guter Hustensaft.

2 Hand voll frische Veilchenblüten mit etwa ½ l Wasser übergießen, ½ kg Zucker darüber geben, verrühren und 1 Tag lang stehen lassen. Jetzt durch ein Sieb gießen. Sind Geruch und Geschmack noch nicht intensiv genug, neue Veilchenblüten mit dem Zuckerwasser übergießen und wiederum 1 Tag aromatisieren lassen. Das Veilchenwasser zum Sieden bringen und auf kleiner Flamme etwa 1 Stunde lang köcheln lassen, bis der Saft sich eindickt.

Den Sirup in kleine Flaschen gießen und im Kühlschrank aufbewahren. Er ist eine willkommene Zugabe zu Pudding, Tee, Eis- oder süße Eierspeisen, auch zu Softdrinks mit und ohne Alkohol.

Eine Variante des Veilchensirups ist in einem Weimarer Kochbuch aus 1893 nachzulesen

Man nehme eine beliebige Menge Veilchenblüten, ehe sie noch zu sehr aufgeblüht oder verwelkt sind. Man reinigt sie, indem man etwas kochendes Wasser darauf gießt, welches man dann sanft ausdrückt, um den

Blumen einen Teil ihres schleimigen, gärungsfähigen Stoffes zu nehmen. ❋ Dieses Wasser weggießen. ❋ Die Blüten abwiegen und in ein Zinngefäß oder einen Tontopf geben. ❋ Mit doppelt so viel Wasser, als sie wiegen, aufgießen, mit einem Tuch abdecken und in einem geheizten Raum 12 bis 24 Stunden stehen lassen. ❋ Ein Mulltuch in eine Presse (Kartoffelpresse) geben und gründlich auspressen. ❋ Wer eine echte Kräuterpresse besitzt, kann auf das Tuch verzichten. ❋ Die Flüssigkeit setzt etwas grünliches Satzmehl ab, von welchem man sie durch Abgießen scheidet, weil es die Farbe des Sirups verderben würde. ❋ Die Flüssigkeit wiederum abwiegen. ❋ Man gibt jetzt die doppelte Menge Zucker dazu (wenn man ¼ kg Saft hat, ½ Kilo Zucker usw.) im Wasserbad erhitzen, dabei immer wieder umrühren und den entstehenden Schaum abschöpfen. ❋ Wenn kein Schaum mehr entsteht, ist der Sirup fertig. ❋ Er sollte eine schöne blaue Farbe haben. ❋ In Fläschchen füllen und kühl aufbewahren. ❋ Der Sirup hält so lange wie Marmelade.

Wegerichsirup gegen Husten

❋ In ein weithalsiges Gefäß gibt man eine Schicht zerkleinerte Wegerichblätter, darauf eine Schicht Rohrzucker, wiederum Blätter usw., bis das Glas voll ist. ❋ Jetzt verschließt man gut und gräbt das Glas entweder in die Erde ein oder stellt es in einen dunklen Keller. ❋ Nach ca. 2 Monaten hat sich der Zucker aufgelöst. ❋ Den Hustensaft abseihen.

Wegwartenhonig

bei Stoffwechselstörungen, Leber- und Gallebeschwerden

❋ Man zupft 1 Teil frisch gepflückte Blüten klein, zerstößt sie in einem Keramikmörser und gibt 3 Teile guten Zucker dazu. ❋ Man vermischt alles und stellt es in einem Glasgefäß in die Sonne. ❋ Den entstehenden Honig nimmt man teelöffelweise.

Zwiebelsaft

bei Husten schnell zubereitet und wirksam

* 1 Zwiebel fein schneiden. In eine kleine Tasse 1 Lage Zwiebeln geben, darauf dünn braunen Zucker (Kandiszucker) oder Kristallzucker streuen. * Darauf kommt die nächste dünne Lage Zwiebelwürfeln und wiederum Zucker. * Dies weiter, bis die ganze Zwiebel aufgebraucht ist. * Über Nacht (8 bis 10 Stunden) stehen lassen. * Den sich bildenden Saft abseihen und teelöffelweise einnehmen.

Zwiebelsirup

Erkältungskrankheiten mit Husten

* Dazu hackt man 1 Zwiebel ganz fein, vermischt sie mit 4 Esslöffel Honig, gibt etwa 125 ml Wasser dazu und kocht die Mischung einige Minuten auf kleiner Flamme. * Man lässt über Nacht stehen und presst durch ein Tuch. * Von dem Saft gibt man stündlich 1 Teelöffel.

Zwiebelsirup oder Zwiebelzuckerl

zur Stärkung der Bronchien

* 1 mittelgroße Zwiebel wird in ca. 100 g Wasser gerieben und mit 150 g Zucker zu einem dicken Sirup verkocht. * Für den Sirup kocht man weniger lange ein, für die Zuckerl soll die Masse sehr dick sein. * Man formt mit einem kleinen Löffel Zuckerl und trocknet diese an der Luft oder im Ofen.

Kräuterlimonade Fruchtsaft & Marmelade

Fruchtsäfte sind die haltbar gemachte Flüssigkeit, die man den Früchten auf unterschiedlichste Weise entzieht. Etwa durch Dampf, durch Auspressen, durch Passieren, durch Übergießen mit kochendem Wasser, durch Stehenlassen unter Zusatz von Wasser und Zitronen- oder Weinsteinsäure.

Am wenigsten Arbeit macht das Entsaften mit einem Dampfentsafter.

Die besten Säfte aus Grossmutters Küche

Haltbarkeit zu erzielen ist das Gebot, wenn man Säfte für den Winter zubereitet, in denen der ganze Sommer eingefangen ist. Und da kann man halt, so gern man es manchmal auch möchte, auf den Zucker nicht verzichten. Aber – man hat manchmal Ausweichmöglichkeiten. Wenn es nicht gar so lange halten soll und man die Möglichkeit hat, die Säfte im Kühlschrank aufzubewahren, nehme man anstatt Zucker Honig oder Birnendicksaft (sehr teuer, nicht lange haltbar) oder Ahornsirup (sehr teuer, starker Eigengeschmack, nicht lange haltbar) oder den auch etwas teureren braunen Rohrzucker von Demeter.

Je mehr Zucker man einspart, denn das kann man natürlich individuell versuchen, desto klinischer muss alles gereinigt sein. Überhaupt sollte man sich angewöhnen, alle Geräte vor der Herstellung von Saft oder Marmelade zu sterilisieren (auskochen), ebenso Flaschen und Gläser.

Grundrezept, wenn der Dampfentsafter fehlt

In einen sehr großen Topf gießt man etwas Wasser (ca. 1 Handbreit hoch) und legt ein Holzstück oder einen Rost hinein (es funktioniert auch mit einem Ziegelstein), auf den man einen kleineren Topf stellt. Über den Rand des größeren Topfes spannt man ein Leinentuch, das mit den Früchten und der entsprechenden Menge Zucker belegt wird. Dann schließt man den großen Topf mit einem passenden Deckel so, dass er das Tuch festklemmt. Die Enden des Tuches müssen aber so weit herausragen, dass man sie über dem Deckel zusammenknüpfen kann. Der Topf wird erhitzt, durch den entstehenden Dampf und den festen Abschluss des Deckels wird den Beeren oder dem Obst der gezuckerte Saft entzogen, er rinnt in das kleinere Gefäß. Man füllt den Saft in Flaschen und sterilisiert sie. Die beigegebene Zuckermenge ist ganz dem Geschmack überlassen. Weiche Früchte sollte man vom Kochbeginn des Wassers an 1 Stunde, härtere Früchte 1 ½ Stunden entsaften. Fichten-, bzw. Tannennadelspitzen nur ½ Stunde, weil der Saft sonst zu harzig schmeckt. Kräuter benötigen zwischen ½ und 1 Stunde.

Kräutersirup herstellen

Kräuter ernten

Zitrone schneiden (Ersatz Zitronensäure)

in ein Gefäß (Plastik, Glas) füllen

Zitronenscheiben dazugeben

mit Zucker bedecken

mit abgekochtem Wasser auffüllen

abdecken, ca. 48 Std. stehen lassen

durch ein Sieb abgießen

Variante: Kräutermasse mit gezuckertem Kräutertee aufgießen

in saubere Flaschen füllen + verkorken nach Wunsch sterilisieren

Blüten zum Schlürfen

Die Zeit, in der Kräuter ein bescheidenes Dasein im Gewürzbeet fristeten und Blüten uns nur im Garten oder in der Vase erfreuten, sind vorbei. Endlich erinnern wir uns wieder an Königskerzensuppe und Veilchengelee, an Rosensirup und Raukenessig, an köstlich schmeckende Taglilien zu Fleisch oder kandierte Engelwurz als Kuchenauflage. Sind die blauen Blüten des Günsels wirklich nur zum Ansehen da? Mitnichten, er schmeckt gut zum Kartoffelgericht und macht sich auch gut in einer Fischsauce. Wer hat schon einmal die Blüte eines kleinblütigen Weidenrösleins gekostet und war entzückt, ob ihrer Süße? Bis ins 19. Jahrhundert war die Einbeziehung der Kräuterblüten eine Selbstverständlichkeit, 100 Jahre später hat sie wieder Saison.

Von Wiesen, Hecken und Bäumen können Blüten in den Kochtopf, den Salat, den Blütensirup, in Essig oder Öl wandern und unsere Sinne ganzheitlich anregen. Ihre Heilkraft ist ein zusätzlicher Pluspunkt. Baumblüten im Salat munden z. B. nicht nur vorzüglich, sie sind auch Augenweide und Dufterlebnis. Frühling und Sommer bieten jede Menge Möglichkeiten. Kräuterblüten von Zitronenmelisse, Pfefferminze, Indianernessel, Süßdolde, Borretsch, Gundermann, Schafgarbe oder die Blüten von duftenden Gartenrosen und Nelken erfüllen den ganzen Sommer lang ihren Zweck – sie geben unserer Gesundheit den Kick. Je intensiver der Geruch, desto intensiver ist auch der Geschmack. Natürlich ist darauf zu achten, dass man die jeweilige Pflanzen genau kennt und dass sie entweder im eigenen Garten gewachsen sind oder aus unberührter Landschaft stammen. Wer will schon etwas essen oder trinken, das vom Mittelstreifen der Autobahn stammt? Aus Blüten lassen sich im Sommer erfrischende Longdrinks herstellen, die jeder anderen Limonade den Rang ablaufen. Ausgangspunkt ist immer ein Blütensirup, der mit Wasser oder beliebigen Frischsäften gemixt wird.

Grundrezept für einen Blütensirup

Etwa ½ kg Blütenblätter (ohne Blütenansätze und Stängel) in einen Topf geben und mit ½ l Wasser übergießen. Langsam bis zum Kochen erhitzen. Den Topf von der Platte nehmen und zugedeckt über Nacht (mindestens aber 1 Stunde) stehen lassen. 300 bis 350 g Zucker hinzufügen, nochmals erhitzen und 10 Minuten bei kleiner Flamme köcheln lassen. Nun durch ein feines Sieb gießen, in kleine Flaschen füllen und verschließen. Der Sirup ist ½ Jahr haltbar, wenn sauber gearbeitet wurde. Dieser Grundsirup hat, je nach Blüten oder Kräuterart, wunderbare Farbtöne. So ist er bei Veilchen leicht lila, bei Lavendelblüten blau, bei Rosenblättern rosa bis rot, gelblich bei Holunder, knallgelb bei der Königskerze, rot bei Indianernessel und grünlich bei Pfefferminze (Blätter und Blüten nehmen), Melisse (Blätter und Blüten nehmen) oder Schafgarbe (auch hier ohne weiteres außer Blüten auch Blätter nehmen).

Berberitze, Sauerdorn-Marmelade

Heilnahrung für die Leber

Ergeben hervorragende Marmelade. Man kocht ½ kg Beeren mit etwas Wasser bis sie weich sind, passiert durch ein Sieb, mischt ½ kg Zucker dazu und lässt nochmals aufwallen. Das wirkt gut gegen Übelkeit und Schwangerschaftserbrechen.

Berberitzengelee bereitet man aus 0,7 l Saft. Mit 2 TL Agar-Agar und ¼ kg Honig oder Rohrzucker erhitzen, 5 Minuten köcheln lassen, in Marmeladegläser füllen.

Kalter Brombeersaft

Der Saft ist ein gutes Mittel bei Fieber, Heiserkeit und Schluckbeschwerden. Brombeeren haben einen bemerkenswert hohen Vitamin A Gehalt. Sie enthalten außerdem Vitamin C, Kalium, Magnesium und Kupfer.

3 l Beeren werden zerdrückt und mit 2 l Wasser und 40 g Zitronensäure (Weinsteinsäure) vermischt. Man lässt die Früchte zugedeckt stehen und rührt ein paarmal mit einem Holzlöffel um. Nach 24 Stunden filtriert man den Saft und fügt pro Liter Saft ¾ kg Zucker bei, den man gut auflöst. Dann gießt man den Saft in keimfreie Flaschen, die man verschließt. Auf dieselbe Art kann man Heidelbeeren, Himbeeren, Erdbeeren, entkernte Kirschen oder Johannisbeeren haltbar machen. Die Vitamine bleiben weitgehend erhalten.

Ebereschenmus

Hat den höchsten Vitamin C Gehalt aller Früchte. Ein Mittel gegen Durchfall, aber auch ein Lungenheilmittel.

Vogelbeeren werden mit wenig Wasser weichgekocht, anschließend werden sie durch ein Sieb gestrichen. Diese Masse wird gewogen und mit der gleichen Menge Zucker einige Minuten gekocht, anschließend in Gläser abgefüllt. Es lohnt sich auch die Zubereitung kleiner Mengen.

Ebereschensaft

bei Stoffwechselleiden

Die Beeren werden entweder im Dampfentsafter, durch Passieren und Stehenlassen, durch Übergießen mit kochendem Wasser oder durch Kochen in Wasser oder durch Stehenlassen unter Zusatz von Zitronen- oder Weinsteinsäure haltbar gemacht. *(Siehe Saftzubereitung bei Brombeeren und Himbeeren.)*

Eichelkaffee

gesund für Kinder, stärkend, drüsenanregend

Die Früchte der Eiche werden schonend getrocknet und von der Schale befreit. Man röstet sie entweder im Backrohr oder – wie Maroni – in einer Pfanne, bis sie braun sind. Nachdem sie in der Kaffeemühle gemahlen wurden, bereitet man sie wie Malzkaffee zu. Man nimmt 1 TL Eichelkaffee, stellt mit ¼ l Wasser zu, kocht auf und seiht anschließend durch eine Filtertüte.

Hagebuttenmarmelade

Leber und Nieren werden gestärkt

1 Kilo Hagebutten waschen und entkernen. Die Hälfte der Früchte in einen Topf geben, mit Wasser knapp bedecken und 30 Minuten kochen. Kochwasser

abgießen, die übrigen Früchte einstreuen. ❀ Dann mit der „flotten Lotte“ passieren, etwas abkühlen lassen. ❀ Mit 150 g Honig süßen, eventuell mit etwas frischem Ingwer und geriebener Orangenschale würzen. ❀ In kleine Schraubgläser füllen, im Kühlschrank aufbewahren. ❀ Diese Marmelade ist nur ungefähr zwei Wochen haltbar.

Kalter Heidelbeersaft

bei Nachtblindheit, antiseptische Wirkung, viel Vitamin C

❀ 3 l Beeren werden zerdrückt und mit 2 l Wasser und 40 g Weinstein- oder Zitronensäure vermischt. ❀ Man lässt die Früchte zugedeckt stehen und rührt ein paarmal mit einem Holzlöffel um. ❀ Nach 24 Stunden filtriert man den Saft und fügt pro 1 l Saft 750 g Zucker bei, den man im Saft gut auflöst. ❀ Dann gießt man den Saft durch ein angefeuchtetes Leinentuch in keimfrei gemachte Flaschen, die man gut verschließt.

Vergorener Heidelbeersaft

schützt die Darmschleimhaut

❀ Die vorhandenen frischen Beeren lässt man zerdrückt (Kartoffelstampfer) und mit einem Tuch bedeckt ca. fünf Tage stehen. ❀ Dann seiht man sie durch ein Tuch, presst gut aus und gibt auf 1 l Saft 1 kg Zucker. ❀ Unter Rühren wird der Saft 5 Minuten gekocht und noch heiß in einige in kochendem Wasser gereinigte Flaschen gefüllt. ❀ Man verkorkt die Flaschen und bindet die Korken mit Bindfaden zu oder versiegelt sie.

Herzbeerenmarmelade

Bei Herzklappenfehlern eine Kur machen.

❀ Die Früchte werden passiert und mit der gleichen Menge Zucker 5 Minuten gekocht. ❀ In Gläser füllen.

Herzbeerensaft

altes Hausmittel gegen Magenbeschwerden

1 l Herzbeeren und 1 l Wasser werden erhitzt, bis die Beeren platzen. Dann lässt man den Saft durch ein Tuch rinnen, fügt auf 1 l Saft 350 g Zucker hinzu, kocht den Saft mit dem Zucker auf, schäumt ihn ab und gießt ihn in keimfreie Flaschen, die man gut verschließt. Man kann vor dem Verschließen noch 30 Minuten bei 75 Grad sterilisieren.

Himbeergelee

Außer Vitamin A und C auch Vitamine der B Gruppe. Dazu noch wichtige Mineralstoffe. Positiv für den gesamten Magen- und Darmbereich.

1,5 kg Früchte mit 250 g Wasser aufkochen. Ein Mulltuch über eine Schüssel spannen. Himbeeren daraufgeben und den Saft auslaufen lassen. Saft dann abmessen und mit Wasser zu 1 l auffüllen. In einen Topf geben, 1 kg Zucker einrühren, Saft 1 Zitrone zufügen und unter Rühren aufkochen lassen. 1 Flasche flüssiges Geliermittel zufügen. 10 Minuten kochen lassen. Sofort in vorbereitete, warme Marmeladegläser füllen, verschließen. Während des Abkühlens die Gläser nicht bewegen.

Gerührte Himbeermarmelade

appetitanregende Krankenkost

1 kg Beeren werden zerdrückt und langsam erhitzt, bis sie beinahe kochen. Dann werden die Beeren bei schwacher Hitze mit 1 kg Zucker vermengt. Man rührt die Marmelade mindestens 1 Stunde, füllt sie in Gläser und verschließt diese mit Pergamentpapier.

Himbeersaft

3 l reife Himbeeren, 1 l Wasser, ½ - 1 kg Honig, 30 g Weinsteinsäure Die reifen Himbeeren gut zerdrücken, mit dem Wasser vermengen und 2 Tage an einem kühlen Ort stehen lassen, danach den Saft durch ein Tuch filtern, mit Honig und Weinsteinsäure vermischen und so lange stehen lassen, bis er sich geklärt hat. Anschließend den Saft nochmals filtern, in Flaschen abfüllen und kühl aufbewah-

ren. ❋ Die ganze Kraft (und der Vitamingehalt) der Beeren ist im Saft. ❋ Genauso kann man Heidelbeersaft oder Brombeersaft zubereiten, ebenso Saft aus der Vogelbeere und Sanddorn.

Himbeersaft mit Essig

wenn viele Himbeeren da sind

❋ 4 l Himbeeren werden mit 200 ml Weinessig verrührt und über Nacht stehen gelassen. ❋ Danach presst man die Himbeeren durch ein Tuch und vermischt mit 600 g Zucker pro Liter Saft. ❋ Man kocht das Gemisch etwa 1 Stunde lang unter ständigem Abschäumen, bis es dicklich wird. ❋ Abgefüllt wird in saubere Flaschen, die man gut verschließt. ❋ Dieser Saft ist zum Verdünnen geeignet.

Holunder-Karottenmarmelade

besonders viele Vitamine, stärkend

❋ 500 g Beeren werden mit 400 ml Wasser 5 Minuten lang gekocht und danach passiert. ❋ 500 g Karotten werden geputzt, mit wenig Wasser gedünstet und ebenfalls passiert. ❋ Man mischt die beiden Massen, wiegt sie und kocht sie mit der Hälfte ihres Gewichts an Zucker nochmals auf.

Holunderlimonade

regt den Fettabbau an, deshalb bei Abmagerungskuren trinken

❋ ½ kg Zucker, 4 l Wasser, 4 Zitronen in Scheiben und 16 große blühende Holunderdolden gibt man in ein großes Gefäß, bedeckt es mit einem Tuch und lässt es 2 bis 3 Tage in der Wärme stehen. ❋ Zwischendurch rührt man mehrmals um. ❋ Wenn Bläschen aufsteigen, seiht man die Limonade durch ein Tuch und füllt sie in verschließbare Flaschen. Sie hält ein paar Wochen.

Holunderperlwein

sehr anregend

3½ Tassen Zucker werden in 2 Tassen heißem Wasser aufgelöst, man gießt das Zuckerwasser in einen großen Plastikbehälter. Hinzu fügt man 8 große frische Holunderblüten, 2 Esslöffel Weißweinessig, Saft und die in Streifen geschnittene Schale von 1 unbehandelten Zitrone und 4 l Wasser. Gut umrühren und bedeckt etwa 5 Tage gären lassen. Durch ein Sieb gießen, in Schraubflaschen füllen und nochmals 1 Woche stehen lassen. Sehr kalt, mit Eis und 1 Zitronenscheibe servieren.

Holundersaft aus Blüten

20 Holunderblüten werden mit 3 l Wasser bedeckt, dazu gibt man 8 g Zitronensäure und 3 in Scheiben geschnittene Zitronen. Man lässt 48 Stunden stehen, seiht ab und rührt 3 kg Zucker ein. In Flaschen füllen und noch im Sommer mit Wasser verdünnt servieren. Ein köstlicher Erfrischungstrank!

Holunderbeersirup

Holunder ist beim Dampfentsaften nicht ergiebig, aber rundum gesund

900 g reife, von den Stängeln befreite Beeren kommen zusammen mit einer Tasse voll Wasser in einen Topf und werden gekocht, bis sich der Saft vollständig entwickelt hat. Die Beeren durch ein Sieb ablaufen lassen, den Saft mit 5 Nelken, einem Stück Ingwer und 250 g Zucker 15 Minuten kochen und dann in Gläser (Flasche) füllen.

Johannisbeermarmelade

wichtige Heilnahrung, köstlich, wenn man rote und schwarze Früchte mischt

Beeren waschen und entstielen. Auf 1 kg Früchte ½ kg Gelierzucker einrühren, aufkochen lassen. Angaben auf der Zuckerpackung beachten. Will man die Marmelade fein, so püriert man mit dem Mixstab. Für Gelee nimmt man anstatt der Früchte 1 l Saft. In heißgewaschene Gläser füllen und verschließen, schmeckt delikat.

Johannisbeersaft aus schwarzen Ribiseln, große Menge

Zutaten: 10 kg Ribisel, 8 kg Zucker, 200 g Zitronensäure, 6 l Wasser. Die gewaschenen und gerebelten Ribisel in ein Gefäß geben und mit dem Wasser aufgießen. Mit einem Kochlöffel vorsichtig im Wasser zerdrücken. Danach den Zucker und die Zitronensäure zugeben. Alles mindestens 30 Stunden (2 Tage) stehen lassen. Den Saft durch ein feines Tuch filtern, ev. abkochen und in Flaschen abfüllen.

Kräutersirup

Für alles, was im Garten wächst und auch als Tee verwendet wird.

Pfefferminze, Melisse, Borretschblüten, Rosenblüten, Geranienblüten u.v.m. können verwendet werden. Das Rezept nimmt als Grundlage je 1 l Kräuter (Nicht locker in den Messkrug einfüllen, sondern etwas anpressen). Die Blätter in einen Topf geben, mit Wasser bedecken, etwa 30 Minuten sieden (nicht kochen) lassen. Durch ein Tuch gießen und abtropfen lassen. Die Flüssigkeit abmessen, auf je ½ l 350 g Zucker geben. In der Flüssigkeit auflösen und ¼ Stunde sieden. In Flaschen füllen. Für Getränke verdünnen, für Eis, Pudding oder Kuchen als Sirup verwenden.

Exotische Kürbismarmelade

500 g Kürbis, 300 g Ananas, 100 – 200 ml Weißwein, 1 kg Gelierzucker. Das Fruchtfleisch von Kürbis und Ananas würfeln, mit dem Wein vermischen und dem Pürierstab oder im Mixer grob oder fein (je nach Geschmack) zerkleinern. In den Marmeladenkochtopf füllen, mit dem Gelierzucker vermischen und nach Angabe des Herstellers (etwa 3 Minuten) sprudelnd kochen lassen. In die vorbereiteten, gründlich gereinigten Gläser füllen. Schmeckt wunderbar und ist ein nettes Geschenk.

Mädesüß-Bier

War früher sehr beliebt, ein Versuch lohnt sich.

½ kg frisches Mädesüß, 100 g Himbeerblätter, 100 g Odermenning, 100 g Malvenblüten und die Schale von 2 Bio-Zitronen in einen großen Topf geben, mit 4,5 l Wasser übergießen und etwa 30 Minuten köcheln lassen. Inzwischen 4,5 kg Zucker, den Saft der 2 Zitronen und 30 g Weinstein in einem großes Gefäß mischen. Den abgeseihten Kräutersud darübergießen, dabei die Kräuter gut ausdrücken. Bis zum Auflösen des Zuckers rühren. Wenn die Flüssigkeit handwarm ist, Bierhefe (Anleitung auf der Packung beachten) zugeben. An einem warmen Ort drei Tage stehen lassen. Nach der Gärung auf Flaschen ziehen, dabei in jede Flasche ½ Tl braunen Zucker geben und verschließen. Etwa 1 Woche ruhen lassen, dann sollte das Bier klar sein und ist trinkfertig.

Melissensirup

Erfrischend, bei Depressionen und Angstzuständen, aber auch Schlaflosigkeit.

Melissenblätter locker in ein 2-Liter-Glas füllen, 1 Liter Wasser und 1 EL Zitronensäure dazugeben, 1 bis 2 Tage stehen lassen, abfiltern, 1 kg Zucker dazugeben und rühren, bis sich der Zucker aufgelöst hat. In Flaschen dunkel lagern. Verdünnt man diesen Sirup mit Wasser, hat man ein Getränk, das jeder Limonade den Rang abläuft.

Melissensaft

Zutaten: Ca 1000 Melissenblätter (100 zählen und die anderen schätzen, etwas mehr kann nicht schaden), 2 ½ kg brauner Zucker, 2 ½ l Wasser, 50 g Zitronensäure Die Melissenblätter mit kochendem Wasser übergießen und den Zucker dazugeben. Alles 24 Stunden stehen lassen. Jetzt die Zitronensäure zugeben, alles verrühren und nochmals 24 Stunden stehen lassen. * Nach der Stehzeit den Saft filtern, in Flaschen füllen und kühl lagern. * Ebenso kann man Salbeisaft herstellen, auch der Saft der Indianernessel kann so bereitet werden, außerdem der Rosensirup (aus Rosenblättern).

Nusshonig

Nüsse essen bei Verdauungsschwäche, Verschleimungen, Durchfall, Skrofulose, Blutreinigung und Gicht.

* Sehr schmackhaft ist der Nusshonig. * 3 bis 4 grüne Nüsse mit einer Stricknadel durchlöchern und in 1 kg Honig kochen. * Nüsse entfernen und den Honig teelöffelweise verwenden.

Pfefferminzmarmelade

ist verdauungsfördernd und erfrischend

* 1 kg geschälte und zerteilte Äpfel werden mit dem Saft von 2 Zitronen weichgedünstet und passiert. * Zu der Masse rührt man 150 g frische, feingehackte Pfefferminzblätter und etwa 700 g Zucker. * Wieder aufs Feuer stellen und so lange rühren und kochen, bis die grüne Masse etwas eingedickt ist. * Nochmals passieren, wieder kurz aufkochen lassen, in Gläser abfüllen und kühl lagern.

Pfefferminzsaft

* Zutaten: 25 große Pfefferminzstämmchen, 1 ½ l Wasser, 50 g Zitronensäure, 1 ½ kg braunen Zucker, 1 Messerspitze Einsiedehilfe, etwas Rum. * Die Pfefferminzstämmchen zerschneiden, die Zitronensäure und das Wasser dazugeben. * Das Ganze 48 Stunden stehen lassen, dabei manchmal umrühren. * Die Flüssigkeit durch ein Tuch seihen, den Zucker einrühren und einmal kurz aufkochen. * Die Einsiedehilfe in etwas Rum auflösen und in den noch heißen Saft einrühren. * In Flaschen füllen und kühl lagern.

Pfefferminzsirup

Wird ebenso zubereitet wie Melissensirup.

Pfefferminzdrink

beruhigt die Magennerven, schmeckt erfrischend

1 Hand voll Pfefferminzblätter mit dem Saft von 2 Orangen und 1 Zitrone übergießen, einige Stunden (mindestens 2) stehen lassen. 3 EL Zucker zufügen, alles verrühren. Mit 2 l kohlensäurehaltigem Mineralwasser aufgießen, mitsamt den Pfefferminzblättern servieren und wie eine Bowle aus dem Gefäß schöpfen. Zum sofortigen Verbrauch bestimmt. Kann auch mit Melisseblättern zubereitet werden, läuft jeder gekauften Limonade den Rang ab.

Quittenkäs

Zutaten: 750 g Quitten, ½ l Wasser, 200 g Zucker Die Quitten vorbereiten, d. h. den Flaum abreiben, die Früchte vierteln und die Blütenansätze und Stiele entfernen. Im Wasser etwa ½ Stunde kochen, die Früchte müssen ganz weich sein. Das Wasser abgießen und aufheben. Die gekochten Quitten in eine flotte Lotte geben und passieren. Das Quittenmus mit dem Zucker vermischen und unter Rühren dick einkochen. Eine rechteckige Form mit Folie oder Trennpapier belegen, die Quittenpaste hineingießen und kalt stellen. Es entsteht ein fester Block, den man nach Belieben aufschneiden kann. Als Zugabe zum Weihnachtsteller, zu Käse oder salzigem Gebäck, als Beilage zu Wild. Der aufgefangene Quittensaft schmeckt verdünnt oder unverdünnt, mit Zitronensaft oder als Zugabe zu Sekt oder Wein. Man kann aber aus diesem Saft auch – unter Beigabe der richtigen Menge Gelierzucker (Flüssigkeit abmessen) – ein klares Quittengelee bereiten.

Quittenmarmelade

Zutaten: 750 g Quitten, ¼ l Wasser, ¼ l Weißwein, Vanilleschote, etwa 500 g Gelierzucker, Rum Die Quitten vorbereiten (Kerngehäuse entfernen) und in der Flüssigkeit kochen. Wenn sie weich sind, pürieren. Mit der gleichen Menge Gelierzucker aufkochen und einige Minuten sprudelnd kochen lassen. Den Rum zufügen und noch heiß in vorbereitete Gläser füllen.

Sanddorngelee

Unentbehrlich in Grippezeiten. Erhöht die Abwehrkraft enorm.

Die Beeren durch eine Fruchtpresse oder einen Entsafter treiben, den Saft durch ein Haarsieb laufen lassen. In ½ kg Saft ½ Zucker einrühren (eventuell Gelierzucker), bis zum Gelieren kochen, heiß in Gläser füllen und verschließen.

Sanddornmarmelade

reich an Karotin, gut bei Kopfschmerzen und Konzentrationsschwäche

Beeren mit wenig Wasser aufkochen, bis sie platzen. Dann durch ein Sieb streichen und auf 1 kg Fruchtmark ½ kg Zucker (Gelierzucker) zugeben. Einkochen und noch heiß in Gläser füllen.

Kaltgerührtes Sanddornmus

das allerbeste, da am reichsten an Vitaminen

Die Früchte werden gemixt und anschließend passiert. Man rührt sie mit der gleichen Menge Staubzucker etwa ½ Stunde auf kleiner Stufe mit dem Rührgerät. Größere Mengen länger, aber ½ Stunde muss man auch bei einem Gläschen Mus rechnen. Man füllt das Mus in kleine Marmeladegläser und bedeckt vor dem Verschließen mit einer dicken Schicht Staubzucker. Schnell verwenden.

Vergorener Sanddornsaft

fiebersenkend

Die Früchte werden zerdrückt, mit etwas Wasser und mit einem Tuch bedeckt. Man lässt sie 5 Tage gären. Dann seiht man sie durch ein Tuch, gibt auf 1 l Saft 1 kg Zucker und lässt das Gemisch unter Rühren einige Minuten kochen. Den Saft in saubere Flaschen füllen und verschließen.

Stiefmütterchensirup

bei Hauterkrankungen ein Blutreinigungsmittel

50 g frische Blüten mit ½ Tasse kochendem Wasser übergießen und über Nacht stehen lassen. Abseihen und ½ Tasse Zucker einrühren, erwärmen, bis der Zucker zergangen ist (nicht aufkochen!). Abkühlen und in eine Flasche füllen, kühl und dunkel lagern, bald verbrauchen. Mit Zitronensaft und Wasser ein erfrischendes Getränk.

Tannennadelgelee

zur Vorbeugung von Bronchialerkrankungen, besonders für Kinder

1 l Wasser wird mit so vielen Tannentrieben versetzt, wie das Wasser aufnimmt. Es wird so lange gekocht, bis die Triebe ganz weich sind. Dann seiht man durch ein Leinentuch. Der Tannensaft wird mit 800 g Zucker erneut erhitzt und so lange auf kleiner Flamme eingekocht, bis der Saft sich rötlich färbt und dickflüssig wird. In Gläser füllen und verschließen.

Teepunsch für 1 l Tee

Zutaten: ½ l Traubensaft, Saft von 1 Zitrone, Saft von 1 Grapefruit, Saft von 3 Orangen, Honig nach Geschmack, Nelkenpulver, Vanille, Zimt Die Säfte in 1 l heißen, starken Tee gießen und nochmals erwärmen, mit Honig und Gewürzen abschmecken.

Veilchenmarmelade

Bei Husten und in Grippezeiten oft essen.

Zutaten: Etwa 500 g Veilchenblütenblätter, ½ kg Zucker, ½ kg Apfelmus. Die Veilchenblätter im Mörser zerstoßen. Zucker mit 1 Tasse Wasser aufkochen, Veilchenblätter zugeben und mit einem Holzlöffel umrühren. Aufkochen, Apfelmus zugeben, kurz aufwallen lassen und warm in Gläser füllen. An einem kühlen Ort aufbewahren. Ein Leckerbissen!

Veilchengelee

Für 4 Gläser Gelee benötigt man 8 Hand voll Veilchenblüten, ½ kg Gelierzucker, 1 Zitrone, ½ l Wasser. Man kann auch Pektin verwenden, dann nach Angabe auf der Packung vorgehen. Den Veilchensaft bereiten, indem man die Veilchenblüten mit dem fast kochenden Wasser übergießt und etwa 1 Tag stehen lässt. Dann siebt man den Veilchenauszug durch einen Kaffeefilter. Jetzt das Gelee bereiten – nach Angaben des Geliermittelherstellers vorgehen. Als Variante könnte man anstatt reinem Wasser auch einen frischen, abgeschäumten Apfelsaft nehmen. Die Äpfel dürfen aber keinen zu starken Eigengeschmack haben, weil dieser sonst den zarten Veilchengeschmack übertönt. Als Verzierung einige frische Veilchenblüten, die in heißem Wasser gewaschen wurden, in jedes Glas geben, bevor man das heiße Gelee einfüllt.

Stevia statt Zucker?

Stevia rebaudiana stammt aus Paraguay und wird dort als natürlicher Süßstoff immer schon verwendet. In unseren Breiten ist die Pflanze nicht winterhart, daran sollte man bei der Kultur denken. Sie liefert bei gutem Wuchs bereits als junge Pflanze ausreichend Blätter, um die Tees, Kaffees und Getränke eines ganzen Jahres zu süßen (für 1 Person).

Als *„Stevionid"* kann man den Extrakt fertig kaufen, 1 ½ TL Stevionid ersetzen etwa ¾ kg Zucker. Steviaextrakt süßt etwa 400 Mal so stark wie normaler Haushaltszucker, das frische Steviablatt immer noch rund 50 Mal so stark. Die Süßkraft der

Steviablätter ist auf den hohen Steviosidanteil zurückzuführen.
Winzige Mengen reichen aus und sind geschmacklich vom Zucker kaum zu unterscheiden.

Stevia hat einigen Gesundheitsnutzen, abseits der geringeren Kalorienaufnahme durch Vermeidung des Zuckers (Stevia = 0 Kalorien). Positive Effekte sind gut dokumentiert: Die regelmäßige Verwendung senkt den Blutzuckerspiegel und verhindert die Entstehung von Zahnbelag. Bei Candida-Pilzbefall ist Stevia ebenso hilfreich wie für ADS-Kinder (ADS = Aufmerksamkeits-Defizit-Syndrom).

Man kann Stevia-Extrakt selbst herstellen, indem man die Blätter auskocht und die Flüssigkeit etwas einkochen lässt. Verwendet wird der Extrakt für süße Soßen, als Würze über Obstsalate, zu Kompotten, Desserts und Puddings, nicht aber dort, wo für das Gelingen eines Backwerks die Konsistenz des Zuckers nötig ist (z. B. bei Biskuitteig) oder für haltbare Marmeladen. Hefeteige aber lassen sich recht gut mit Stevia süßen.

Für das Süßen des Tees oder eines anderen Getränks lässt man die Blätter einfach in der heißen Flüssigkeit ziehen und seiht dann ab. Bei kalten Getränken macht man einen starken Aufguss, lässt diesen erkalten und mischt ihn unter die Getränke.

Steviaextrakt selbst zubereiten

1 Tasse frische Steviablätter (locker gefüllt) mit 1 Tasse Wasser aufkochen und etwa 2 bis 3 Minuten sieden lassen. Dann beiseite stellen und nach dem Abkühlen abseihen. Die Flüssigkeit in eine Flasche mit Pipette füllen und im Kühlschrank lagern (hält 4 bis 6 Monate).

Marmeladen mit Steviaextrakt

Auf ½ kg süßes Obst kommen etwa 7 EL Stevia-Auszug (bei saurem Obst mehr) und etwa 15 g Geliermittel aus dem Reformhaus (Apfelpektin, nach Angabe des Herstellers zufügen). Mit Stevia gesüßte Marmeladen oder Gelees sind nur begrenzt haltbar, also nicht auf Vorrat sondern immer frisch herstellen. Für die Saftkonservierung gilt dies ebenfalls.

Kräuterwein

Von Hildegard bis Paracelsus haben sich Heiler auf die Wirkstoffe des Rebensaftes verlassen. Gemischt mit Früchten, Kräutern und Blüten regt der Wein den Körper an und gibt aktivierende Impulse, Gesundheit und Lebensfreude.

Grundrezept für Obstweine

selbstgemachter Wein, nach dieser Methode können alle Obstweine hergestellt werden

Sie brauchen dazu einen Gärbehälter mit mindestens 5 Liter Fassungsvermögen und einen Gäraufsatz, der dazu dient, die Gärgase weiterzuleiten, aber auch das Eindringen schädlicher Bakterien zu verhindern. Gut wäre außerdem ein Messgerät zur Bestimmung des Mostgewichtes und der Säure. Es ist darauf zu achten, dass absolut sauber gearbeitet wird und dass die Arbeitsgeräte weitgehend keimfrei sind.

Die Zutaten, z. B. für Apfelwein:

4 Liter frisch gepresster Apfelsaft aus einwandfreien, ausgeschnittenen und völlig sauberen Äpfeln, 700 g Zucker, 2 g Hefenährsalz, 1 g Trockenreinzuchthefe

Der Zucker wird in 1 l Saft aufgelöst, mit dem übrigen Saft vermischt und in den Gärbehälter gegeben. Das Mostgewicht und den Säuregehalt der Flüssigkeit messen. Dabei an die Angaben der Geräte-Hersteller halten. Ist der Most zu sauer, muss Zucker beigefügt werden, ist er zu süß, verdünnt man mit Apfelsaft oder Wasser. Das Hefenährsalz zufügen und gut verrühren. Das Gärgefäß verschließen und den Most bei Zimmertemperatur (20 bis 25 Grad) vergären lassen. Wenn der Wein nach Essig zu riechen beginnt, kann man ihn auch nur mehr als Essig verwenden, dann wurde nicht sauber gearbeitet, er ist nicht zu retten. Je kühler der Raum, desto langsamer geht die Gärung vor sich, ist er zu warm, muss das Gefäß an einen anderen Platz. Diese erste Gärung ist nach ein bis drei Wochen – je nach Art der Frucht, beendet. Man erkennt das daran, dass das Blubbern im Gäraufsatz aufhört. Jetzt muss der Gärbehälter in einen dunklen und kühleren Raum gebracht werden (etwa 15 Grad). Das Aroma kann sich entwickeln. Der Gäraufsatz soll immer mit sauberem Wasser gefüllt sein, Angaben des Herstellers beachten! In ein neues Gefäß umfüllen. Nach etwa vier bis fünf Monaten in Flaschen abziehen und noch einige Monate reifen lassen. Ebenso bereitet man Weine aus Birnen, Brombeeren, Erdbeeren, Hagebutten, Heidelbeeren, Holunderbeeren, Johannisbeeren, Quitten.

Grundrezept für Weine aus Blüten und Kräutern

zu verwenden für Lavendelblüten, Löwenzahnblüten, Holunderblüten, Melisse, Pfefferminze, Goldrute, Odermenning, Rosmarin, Mädesüßblüten, Waldmeister, u.v.m.

ZUTATEN:

✻ 1 kg Blüten oder Blätter • 4 l Wasser • 1 kg Zucker • 15 g Zitronensäure • 2 g Hefenährsalz • 1,5 g Kaliumdisulfit • 1 g Trockenreinzuchthefe ✻ Frische Kräuter gründlich waschen, es können auch getrocknete Kräuter verwendet werden. ✻ Die Kräuter in einen Kochtopf geben, 2 l Wasser zufügen und erhitzen, aber nicht aufkochen. ✻ Anschließend (je nach Kraut) 1 bis 4 Stunden stehen lassen. ✻ Je länger der Absud steht, desto intensiver wird der Geschmack. ✻ Den Zucker im restlichen Wasser auflösen, dann den Kräuterabsud abseihen, mit dem Zuckerwasser mischen und mitsamt Zitronensäure, Hefenährsalz und Kaliumdisulfit in das Gärgefäß füllen. ✻ Den Ansatz 1 Tag ziehen lassen. ✻ Nun die Hefe zufügen und den Gärbehälter mit dem Gäraufsatz verschließen.

✻ Wenn das Mostgewicht 30 Grad Oe erreicht hat, das dauert bis zu fünf Tage, in ein neues Gefäß umfüllen. ✻ Nach etwa vier Wochen nochmals umfüllen, danach bis zu sechs Monate reifen lassen. ✻ Auf Flaschen ziehen.

Alantwein

Indikationen sind Gastritis und die Neigung zu Frühgeburten.

30 g frische Wurzeln werden in dünne Scheiben geschnitten und mit 30 g 80%igem Weingeist angefeuchtet. Sodann gibt man ca. 960 g Weißwein dazu und lässt die Mischung in der Wärme stehen (25 bis 30 Grad). Nach 2 Tagen wird abgeseiht und ausgepresst. Man trinke täglich 1 bis 2 Mal ein Gläschen davon.

Angelikawein

Verdauungshilfe

100 g zerschnittene frische Engelwurz-Wurzeln werden mit 1 l gutem Weißwein übergossen und etwa 10 Tage stehen gelassen. Dann filtert man ab, lagert kühl und trinkt täglich 1 Gläschen nach dem Essen.

Bärlauchwein

hilft bei Altersbeschwerden, Schwäche und leichten Magenproblemen

¼ l Weißwein wird mit 1 Hand voll zerkleinerter Bärlauchblätter aufgekocht. Dann kocht man ca. ¼ l Wasser mit ¼ kg Zucker auf und vermischt beide Flüssigkeiten. Der Wein wird likörgläschenweise konsumiert.

Basilikumwein

Mit der Zeit sollten sich alte Verschleimungen lösen.

1 l guter Weißwein kommt mit 2 ganzen Pflanzen Basilikum (samt Stängeln) in ein weithalsiges Gefäß, wird verschlossen und 3 Tage stehen gelassen. Man seiht daraufhin ab, füllt in eine Flasche, lagert dunkel und kühl. Vor oder nach dem Essen trinkt man 1 Likörglas voll.

Beifußwein

hilft bei Verdauungsstörungen

20 g Beifußblätter werden mit etwas Pfefferminze und Rosmarin vermischt und mit 0,75 l süßem Weißwein übergossen. 10 Tage in einem verschlossenen Gefäß ziehen lassen, abseihen und vor jeder Mahlzeit 1 Likörglas trinken.

Beifußaperitif

Der Wein ist bei Durchfall, Koliken und Leberbeschwerden zu empfehlen.

* 3 Stämmchen Beifuß, 1 Stämmchen Zitronenmelisse und 1 Zweig Pfefferminze werden mit 1 l Weißwein übergossen und 1 Tag verschlossen ziehen gelassen. * Dann seiht man ab und trinkt vor den Mahlzeiten 1 Likörglas.

Braunwurzwein

Indikationen sind hartnäckige Hautausschläge

* Das frische Kraut und die gut gereinigte Wurzel von einer Pflanze in etwa 2 l Wein ansetzen. * Ein paar Wacholderbeeren dazugeben, etwa eine Woche ziehen lassen. * Nach dem Abfiltern trinke man täglich 2 Mal ein Likörgläschen.

Eberwurzwein

für die Verdauung

* 3 g getrocknete Wurzel in 100 ml Weißwein 10 Tage in der Wärme stehen lassen, abgießen. Ein Likörglas vor den Mahlzeiten hilft der Verdauung.

Enzianwein

Ein Likörglas täglich hilft bei vielerlei Wehwehchen.

* In 1 l Rotwein gibt man 60 g zerkleinerte Enzianwurzel, 20 g ungespritzte Grapefruitschalen, 20 g Weidenrinde und 20 g Brennnesselblätter. * In einem verschlossenen Einmachglas 1 Woche ziehen lassen, anschließend filtern und in dunkle Flaschen füllen.

Hirtentäschelwein

festigt lockere Zähne, ist auch blutstillend

* Etwa 100 g frisches Hirtentäschelkraut wird in 0,7 l Rotwein angesetzt und 1 Woche ins Kühle (nicht in den Kühlschrank!) gestellt. * Abfiltern und 3 Mal täglich ein Likörglas trinken.

Holundersekt

erfrischend und durstlöschend

Man rührt in 8 l Wasser 1 kg Kristallzucker, den Saft von 2 Zitronen, 125 ml Rhabarbersaft oder Gärungsessig, 12 große aufgeblühte Holunderdolden und 8 Stückchen braunen Kandiszucker (wegen der Farbe). Diese Mischung lässt man 24 Stunden in einem warmen, aber dunklen Raum stehen. Dann und wann umrühren! Anschließend seiht man den Saft durch ein sauberes Tuch und füllt in Flaschen. Nicht mit Gummikappen verschließen, sondern mit Kork oder einem Patentverschluß. Die Flaschen müssen zwei bis drei Monate gelagert werden, dann ist der Sekt trinkfertig, lagert er zu lange, wird er zu Essig. Lindenblütensekt wird genauso bereitet.

Holunderwein

für Nieren und Blase

4 kg reife Holunderbeeren werden mit 8 l Wasser übergossen und erhitzt, aber nicht gekocht. Damit die Beeren viel Saft abgeben, muss man während der Prozedur immer wieder umrühren. Dann seiht man den Saft durch ein Tuch, am besten in eine große, ca. 10 l fassende Flasche. Auf 1 l Saft fügt man je nach Geschmack 0,3 bis 0,4 kg Zucker zu, bindet eine Ingwerwurzel und einige Nelken in ein Mullsäckchen und legt dieses Säckchen in die Flüssigkeit. Damit die Gärung schneller einsetzt, kann man etwas Hefe zugeben. Auf die Flasche setzt man einen Gärspund, das ist ein Verschluss, der die Kohlensäure entweichen lässt, das Eindringen von Luft aber verhindert. Der Saft soll bei Zimmertemperatur gären. Nach zwei bis drei Wochen kann man ihn in Flaschen füllen, die man verkorkt im Keller lagert. Ebenso kann Heidelbeerwein und Ribiselwein bereitet werden.

Krenwein

anregend für die Verdauung

2 Esslöffel geriebener Kren werden mit 0,75 l gutem Weißwein angesetzt und 8 Tage stehen gelassen. Danach abfiltern und den Wein nach den Mahlzeiten esslöffelweise nehmen.

Liebstöckelwein

hilft bei Aufstoßen, Sodbrennen und Völlegefühl

* 1 Flasche guten Weißwein in ein Einmachglas gießen. * 1 Hand voll frische Blätter oder frische, zerkleinerte Wurzel des Maggikrautes hinzufügen. * 10 Tage stehen lassen. * Anschließend abfiltern und vor jeder Mahlzeit 1 Likörglas trinken.

Lungenkrautwein

bei Heiserkeit, Hals- und Brustschmerzen

* 2 große Büschel des frischen Lungenkrautes in 1 l Wein wallend kochen lassen, nach etwa 5 Minuten vom Feuer nehmen, je nach gewünschter Süße mit Honig verrühren, nochmals zum Siedepunkt bringen. * In Flaschen füllen und täglich 2 bis 3 Likörgläschen davon trinken.

Mariendistelwein

gegen Allergien

* 150 g Samenpulver wird mit 1 l naturbelassenem Weißwein übergossen, 8 Tage im warmen Zimmer stehen gelassen und anschließend durchgefiltert. * 1 Woche in den Keller stellen. * Man nimmt diesen Wein 3 bis 4 Mal täglich esslöffelweise ein.

Meisterwurzwein

Eine wundervolle Kur bei fieberhaften Erkrankungen.

* 1 Esslöffel zerkleinerte Wurzel legt man über Nacht in 125 ml Wein. * Am Morgen seiht man ab und trinkt den Wein vor dem Essen aus. * Am Abend setzt man wieder frisch an. * Eine Kur dauert etwa 2 Wochen.

Melissenbowle

beruhigend und stimmungserhellend

6 Hand voll Melissenblätter gründlich auf Insekten untersuchen. 5 Liter Wasser in ein Bowlengefäß gießen, ½ kg Zucker dazurühren. Die Melissenblätter zufügen, 0,1 l Apfelessig und 1 in dünne Scheiben geschnittene, ungespritzte Orange in die Zuckerlösung geben. Die Bowle über Nacht oder bis zu 24 Stunden ziehen lassen, danach abseihen und kühlen. Mit Eiswürfeln und eventuell einer Erdbeere im Glas servieren.

Nelkenwurzwein

bei verschiedenen Herzleiden als Unterstützung

250 g frische Wurzeln werden mit 1 l gutem Weißwein angesetzt, diese Mischung wird 10 Tage bei ca. 20 Grad stehen gelassen. Abseihen und bei Bedarf ein Likörglas voll trinken.

Quendelwein

bei Asthma besten bewährt

In 1 l Weißwein werden 6 bis 8 Blütenzweiglein gegeben. In einem verschlossenen weißen Glas 14 Tage in die Sonne stellen, danach abseihen. Diesen Quendelwein kann man stamperlweise vor den Mahlzeiten einnehmen.

Rosmarinwein

zur allgemeinen Kräftigung, besonders alter Menschen

20 g getrocknetes Rosmarinkraut mit 0,7 l Bio-Weißwein übergießen, 7 Tage bei Zimmertemperatur stehen lassen, dann abseihen. 2 Gläschen pro Tag darf man sich genehmigen.

Salbeiwein

gegen lästigen Nachtschweiß, übermäßiges Schwitzen an Händen und Füßen

1 Hand voll frische Salbeiblätter mit 0,7 l Wein (Beerenauslese, Trockenbeerauslese) übergießen, 10 Tage stehen lassen. Abfiltern und gläschenweise trinken.

Schlüsselblumenwein

Er war früher so beliebt, dass nicht zuletzt seine Zubereitung durch viele Menschen Schuld daran war, dass die Schlüsselblume beinahe ausgestorben ist.

* Man benötigt große Mengen der Blüten. * 4 l Schlüsselblumenblüten, etwas zusammengedrückt und nicht nur lose Schüttung, werden mit 6 l Wasser, 2 ½ kg Zucker, 3 in Scheiben geschnittenen Zitronen und 30 g Germ (Backhefe) in ein großes Gefäß gegeben. * Der Ansatz muss bis zu 7 Tage im kühlen Keller stehen, aber mindestens einmal täglich gut durchgerührt werden. * Dann wird durch ein Mulltuch abgeseiht, die Flüssigkeit soll auch aus den Blüten herausgepresst werden. * Sie kommt in einen Ballon oder in ein Fass. * Mit einem Gärspund gegen unerwünschten Luftzutritt verschließen. * Die Gärung soll bei ca. 18 bis 20 Grad ablaufen. * Wenn sie beendet ist, den über dem Satz stehenden klaren Wein in Flaschen ziehen, verschließen und lagern.

Tausendgüldenkrautwein I

1 Glas täglich beruhigt die Galle

* 20 g Tausendgüldenkraut (frisch oder getrocknet) und 20 g Zitronenmelisse oder Pfefferminze (frisch oder getrocknet) werden mit einer ganzen zerkleinerten Zitrone (mitsamt der Schale) vermischt und mit 0,7 l gutem Weißwein übergossen. * Bei Zimmertemperatur lässt man die Mischung 10 Tage lang stehen, seiht ab und füllt den Wein in eine Flasche, die dunkel und kühl aufbewahrt wird.

Tausendgüldenkrautwein II

für Leber und Galle

* 3 Prisen Kamille, 1 Prise Tausendgüldenkraut, 1 Prise Wermut, ½ zerschnittene Orange mitsamt der Schale in ein weithalsiges Gefäß geben und mit 1 Flasche Weißwein auffüllen. * 10 Tage stehen lassen, dann durchseihen. * Esslöffelweise einnehmen. (Prise = was zwischen Daumen und Zeigefinger passt.)

Thymianwein

zur Regulierung der Menstruation, bei Melancholie und Schwäche

* Man gießt über 1 Teil Kraut 5 Teile guten Weißwein und lässt die Mischung bis zu 7 Tage bei Zimmertemperatur stehen. * Anschließend abseihen und täglich 1 Glas trinken.

Veilchenwein

* Dazu benötigt man viele Veilchenblüten, etwa 8 Hand voll für 1 l Weißwein. * Man übergießt vorerst 4 Hand voll der Blüten mit dem Weißwein und lässt die Blüten etwa 1 Woche lang an einem dunklen, kühlen Ort abgedeckt stehen. * Den Wein filtern, die Flüssigkeit über die 2. Menge (4 Hand voll) frische Veilchenblüten gießen, wiederum 1 Woche stehen lassen. * Wiederum filtern, die Blüten weggeben und dem Wein etwas Honig (nach Geschmack) zufügen. * Diesen Wein kühl lagern und laufend verbrauchen, er ist nicht lange haltbar. * Als Aperitif, mit Sekt oder Mineralwasser aufgegossen, verwenden.

Wacholderwein

Ein Likörgläschen wirkt belebend.

* 1 l Weißwein in einen Topf geben, mit 100 g frischen Wacholderbeeren und 150 g Honig oder Zucker langsam erhitzen, bis der Zucker sich aufgelöst hat. * Nicht kochen lassen, der Wein soll immer handwarm bleiben. * Abkühlen lassen, mit einem Deckel abdecken und mindestens 1 Tag an einen kühlen Ort stellen. * Durch ein Tuch filtern. * Der Wein kann sofort getrunken werden.

Waldmeisterbowle

eine echte Frühjahrskur

* Man entfernt von ca. 10 frischen Stängeln Waldmeister die unteren Blätter und bindet die Büschel mit Haushaltsgarn zusammen. * Der Waldmeister muss vor der Blüte gepflückt sein, man wäscht ihn kurz unter fließendem kaltem Wasser. * In das Bowlegefäß kommen 150 g Zucker, den man in 0,7-Liter jungem Weißwein unter Rühren auflöst. * Die Zuckermenge kann auch reduziert werden. * Kräuterbüschel in den Wein hängen, die Stielenden sollen mit dem Wein nicht in

Berührung kommen. * Mindestens 20 Minuten, besser ½ Stunde ziehen lassen. * Kräuterbündel entfernen, 2 weitere gekühlte Flaschen Wein dazugießen. * Vor dem Servieren 1 Flasche gekühlten Sekt zugießen. * Ein paar Orangenscheiben zur Dekoration beifügen. * Frischer Waldmeister steht nur in den Monaten April und Mai zur Verfügung. * Aus Waldmeisterwein kann das ganze Jahr über Waldmeisterbowle bereitet werden.

Waldmeisterwein

Blutreinigungsmittel

* Hierfür nimmt man etwa 100 g Waldmeisterblättchen (von den Stängeln abstreifen), übergießt mit 1 l Bio-Weißwein, verschließt das Gefäß und lässt etwa 5 Wochen bei Zimmertemperatur stehen. * Nach dem Abseihen verwendet man den Waldmeisterwein wie Medizin und trinkt als Blutreinigungsmittel 1 Gläschen pro Tag.

Weinrautenwein

bei Muskel- und Gelenksschmerzen

* 20 g getrocknete Raute wird mit jeweils 1 Teelöffel Pfefferminze und 1 Teelöffel Rosmarin mit 0,7 l süßem Weißwein 10 Tage in einem verschlossenen Glas stehen gelassen. * Danach seiht man ab und trinkt den Wein likörgläschenweise.

Wermutwein

mobilisiert die körpereigenen Abwehrkräfte und steigert die Lebensfreude

* 40 g frische Wermutblätter oder -blüten und 1 l Weißwein in einem Einmachglas 5 Tage ziehen lassen. * Dann abseihen und likörgläschenweise trinken.

Zwiebelwein

fördert die Gallenabsonderung

* ½ kg Zwiebel fein schneiden, 1 l Weißwein und 150 g Honig dazugeben, umrühren und 48 Stunden stehen lassen. * Die Zwiebeln abseihen und vom Wein bei Leberbeschwerden 3 Mal täglich vor dem Essen ein Gläschen trinken.

Feine Liköre

Feine Gesundheitsgetränke in ihrer natürlichsten Zusammensetzung – das sind Kräuterliköre oder Schnäpse. Sie sind meist einfach herzustellen und begehrte Mitbringsel.

Angelika-Magenbitter

ein Verdauungsförderer

❋ Aus getrockneten Zutaten: 12 g Engelwurz, 7 g Anissamen, 7 g Alantwurzel, 12 g Sternanis, 4 g Tausenguldenkraut und 4 g Weinstein werden vermischt, in eine weithalsige Flasche gegeben und mit 2 l Obstler übergossen. ❋ Einige Wochen abgedeckt stehen lassen. ❋ ½ kg Zucker wird in Wasser gelöst und aufgekocht und nach der Ruhephase des Alkohols und dem anschließenden Filtern der Flüssigkeit zugesetzt. ❋ In Flaschen füllen und stehen lassen.

Anislikör

Ein Gläschen nach dem Essen beseitigt Völlegefühl und Magendrücken.

❋ 40 g frischer, zerstoßener Anissamen wird mit 1 g Zimt, ½ kg Zucker und 1 l gutem Kornbrand vermengt und in eine Flasche gefüllt. ❋ Das Gemisch muss etwa 6 Wochen lang ziehen, dann kann man abfiltern und kühl und trocken lagern. ❋ Der Likör wird mit der Zeit immer besser.

Apfellikör

appetitfördernd

❋ Bereiten Sie alles gut vor, damit die Äpfel schnell mit Alkohol bedeckt werden, sie sollen nicht braun sein. ❋ ¾ kg Äpfel (nicht waschen, nur mit einem Tuch abreiben) vom Kerngehäuse befreien, ungeschält in Spalten teilen. ❋ Mit 3 Gewürznelken und 1 Zimtstange in ein Glas- oder Keramikgefäß geben, mit 1 l Kornbrand übergießen. ❋ Gefäß verschließen und an einen warmen Ort stellen. ❋ Nach 5 Wochen Ziehzeit abfiltern (zuerst durch ein Sieb, dann durch einen Papierfilter). ❋ Nun muss gekostet werden, denn jede Apfelart bringt ein anderes Ergebnis. ❋ Ist der Likör süß genug, aber zu stark, einfach mit Wasser verdünnen. ❋ Ist er zuwenig aromatisch, den Vorgang wiederholen und im Likör nochmals frische Äpfel ansetzen. ❋ Schmeckt der Likör zu säuerlich, dann muss eine Zuckerlösung zugesetzt werden. Hier gibt es kein Einheitsrezept!

Apfellikör aus Apfelsaft

Apfellikör kann auch aus hausgemachtem Apfelsaft erzeugt werden. Hier vermischt man ½ l Apfelsaft mit ¼ l Korn und etwas Zuckerlösung (je nach Geschmack). Die Likörbereitung geht sehr rasch, man hat aber weniger Aroma.

Beerenschnaps

Sommerfreude, die auch noch gesund ist.

½ kg Beeren (Holunder, Himbeeren, Ribisel etc.) werden zusammen mit 4 Löffel Zucker in eine Flasche gefüllt, mit ½ l Obstschnaps übergossen und vier Wochen stehen gelassen. Dann wird abgeseiht und in eine hübsche Flasche gefüllt. Diese soll mindestens nochmals 4 Wochen stehen, bevor man den Schnaps trinkt.

Benedictine

Ein köstliches Gebräu, das die Lebertätigkeit anregt und den Magensaft reguliert.

Man mischt ½ l reinen Alkohol mit ¼ l destilliertem Wasser und gibt 1 kleines Stück geschnittene Rhabarberwurzel, 1 zerkleinerte Benediktendistel-Wurzel, etwas Enzianwurzel, Pfefferminzblätter, 2 Prisen gemahlenen Zimt, etwas frischen, zerkleinerten Majoran und 2 zerriebene Wermutblätter in die Mischung. Nach etwa 1 Stunde (besser länger) gibt man einige Lavendelblüten und etwas Safran (2 Messerspitzen) dazu und lässt nochmals etwa ½ Stunde stehen. Anschließend wird abgefiltert. Man kocht ¼ kg Zucker in ¼ l Wasser auf . Beide Flüssigkeiten werden zusammengegossen, in gut schließende kleine Flaschen gefüllt und etwa 3 bis 4 Monate gelagert.

Brombeerlikör

wirkt reinigend und stopft ein wenig

1 kg zerquetschte reife Brombeeren werden mit ½ l Weingeist und ½ l Kornschnaps in eine Flasche gefüllt und 3 Wochen verkorkt kühl und dunkel gestellt. Danach filtert man durch ein Leinentuch. Den

Fruchtrückstand kocht man mit ½ l Wasser auf, seiht nochmals durch ein Tuch und kocht den Saft mit ¾ kg Zucker ca. 5 Minuten wallend und gießt diese Flüssigkeit zum vorher gewonnenen Alkohol. Diese Mischung wird in dunkle Flaschen gefüllt und dunkel gelagert.

Brombeerschnaps

Dieser Schnaps schmeckt besser als jeder gekaufte und ist ein Lebenselixier.

½ kg zerdrückte reife Brombeeren werden zusammen mit ¾ l hochprozentigem Kornschnaps in ein weithalsiges Gefäß gefüllt und an der Sonne etwa 6 Wochen stehen gelassen. Danach gießt man den Saft durch ein Sieb und filtert nochmals durch ein Tuch. ½ kg Zucker wird mit ¼ l Wasser gesponnen und zum Brombeer-Schnaps-Gemisch gegeben. Die Zuckerlösung wird mit dem Alkohol gut verrührt und in Flaschen abgefüllt.

Enzianschnaps

Likörgläschenweise als Medizin trinken, zur Verdauungsstärkung und zur Muskel- und Nervenstärkung.

Zutaten: 1 kg Zucker, 4 l Alkohol, 8 g Weinstein, 20 g Enzianwurzel, 10 g Alantwurzel, 25 g Sternanis, 8 g Tausengüldenkraut, 100 g Orangenschale. Alle Zutaten bis auf den Zucker in den Alkohol geben und 3 Wochen stehen lassen. Dann seiht man die Flüssigkeit ab und mischt sie mit dem Zucker, den man vorher in etwas Wasser auflöst und aufkocht. Anschließend in Flaschen füllen und einige Wochen ruhen lassen.

Hagebuttenlikör

unterstützt die Grippeabwehr

1 kg Hagebutten werden nach dem ersten Frost geerntet und mit ½ kg feinem Kandiszucker in 3 l Korn oder gutem Obstbrand 10 Tage bei 25 Grad (Küche) angesetzt.

Heckenrose - Blütenlikör

bei leicht verdorbenem Magen

5 Hand voll Heckenrosen-Blütenblätter in ein großes Glasgefäß geben. 10 g Weinsteinsäure aus der Apotheke in ¼ l Wasser auflösen und darüber gießen. An einen dunklen Ort stellen und zwei Tage ziehen lassen. 300 g Zucker in ½ Liter Obstler (40%) auflösen und über den Ansatz gießen. Nochmals einen Tag ziehen lassen. Durch einen Kaffeefilter filtern, in eine Flasche füllen und an einem dunklen Ort lagern.

Heidelbeerlikör

Heidelbeeren wirken antiseptisch und gegen Durchfall

Saft von 1 kg Heidelbeeren wird mit 2 Gewürznelken und 1 Stange Zimt aufgekocht. ¼ kg Zucker gibt man in eine Schüssel und gießt den noch kochenden Heidelbeersaft darüber. Man lässt so lange stehen, bis sich der Zucker aufgelöst hat. Dann gießt man den Saft durch ein Tuch und gießt ¼ l Alkohol dazu. Man füllt in Flaschen ab und verkorkt diese gut. Mindestens ½ Jahr lagern lassen, je länger, desto besser wird der Likör.

Heidekrauttrunk

bei Blasen- und Nierenleiden

350 g Honig lässt man bei geringer Wärme flüssig werden. Dann gibt man 1 Messerspitze gepulverten Zimt, 1 Messerspitze Nelkenpulver, 2 EL gepulvertes Heidekraut, 1 l beliebigen Obstschnaps und ½ l Arrak hinzu und lässt diese Mischung bis zum Aufwallen heiß werden. Häufig rühren, abkühlen lassen und in Flaschen filtern.

Herzbeerenlikör

ein Gläschen nach dem Essen bei Herzerkrankungen

¼ kg Herzbeeren zu Saft pressen. Dies macht man, indem man sie im Mixer zerkleinert und durch ein Sieb streicht. Den Saft, ein weiteres ¼ kg ganze Herzbeeren, 1 Stange Zimt, 5 Nelken, und 1 Vanilleschote in eine Flasche füllen, mit 0,7 l Weinbrand oder Obstbrand übergießen. 200 g braunen Zucker dazugeben. Die Flasche verschließen und an einen dunklen Ort stellen. 3 Wochen stehen lassen, fallweise schütteln. Nach drei Wochen umfüllen, dabei abfiltern, die Flasche wiederum verschließen. Je länger der Likör lagert, desto besser wird er.

Himbeerlikör

schmeckt köstlich

1 l Himbeersaft aus frischen gepressten Früchten wird mit ½ kg Zucker, einem Stückchen Zimtstange, 2 Gewürznelken und 2 l gutem Cognac gemischt und an einen sonnigen Platz gestellt. Man lässt ihn ca. 1 Woche stehen, dann filtert man die Flüssigkeit durch ein Tuch und füllt sie in hübsche Glasflaschen. Der Likör soll vor der Verwendung mindestens 3 Monate ruhen.

Hirschzungenelixier

bei Störungen im Hormonhaushalt, Asthma und Leberproblemen

Zutaten: 10 g Hirschzungenkraut, 10 g Zimt, 5 g Pfeffer, 50 bis 250 g Honig, 150 g Wein. Das Hirschzungenkraut im Wein 50 Minuten kochen und dann vom Feuer nehmen. Honig zufügen, verrühren, kurz aufwallen lassen, wieder vom Feuer nehmen. Jetzt Pfeffer und Zimt (Pulver) zufügen, nochmals aufkochen lassen und heiß in Flaschen füllen. Je 1 Stamperl morgens nach dem Frühstück, mittags vor oder nach dem Essen, abends vor oder nach dem Essen nehmen.

Holunderlikör

reinigt Nieren und Magen

½ l Holundersaft, aus reifen Früchten frisch gepresst, wird mit 1 Gewürznelke, ½ Zimtstange und etwas gemahlenem Ingwer ca. 15 min. köcheln gelassen, dann gibt man ¼ l Weingeist zu und kocht nochmals auf. Man gießt den Saft über ¼ kg Zucker, verrührt gut und lässt das Ganze einige Stunden stehen. Dann seiht man durch ein Leinentuch und füllt in eine Flasche, die an einem dunklen Ort einige Monate lagern soll, ehe man sie anbricht.

Holunderwhisky

Je länger das Getränk lagert, desto besser schmeckt es.

1 l gepresster Saft aus frischen reifen Holunderbeeren wird filtriert (durch ein Tuch oder Kaffeefilter), bis er klar geworden ist. Dann kocht man ihn mit 150 g Zucker und 3 Gewürznelken auf und lässt ihn abkühlen. ¼ l Whisky wird zugefügt, anschließend wird nochmals filtriert und in kleine Flaschen gefüllt.

Johannisbeer-Blattschnaps

ein Muntermacher

30 frisch gepflückte Blätter legt man in ein weithalsiges Gefäß und übergießt mit 1 l gutem Wodka. Vier Wochen an einem warmen Ort (Küche) stehen lassen, dann die Flüssigkeit abfiltern (Kaffeefilter) und in Flaschen abfüllen. Das Getränk hat jetzt eine hellgrüne Farbe und schmeckt um so besser, je länger es gelagert wird.

Johannisbeer-Likör

bei Rheuma und Gicht

1 kg Johannisbeeren mitsamt den Rispen in ein großes Glas füllen, 2 EL ganze Nelken hinzufügen. Mit 1 l gutem Obstbrand übergießen, das Glas verschließen und an einem sonnigen Platz mindestens 8 Wochen stehen lassen. Zwischendurch immer wieder schütteln. Nach der Ziehzeit abfiltern und mit einer gekochten Zuckerlösung aus ½ l Wasser und 400 g Zucker vermischen. Wer es weniger süß mag, vermindert den Zuckeranteil. In Flaschen füllen, verschließen und vor dem ersten Gebrauch mindestens zwei Monate warten.

Johannisbeer-Schnaps

½ kg zerdrückte schwarze Johannisbeeren werden mit ¾ l Obstschnaps in einem weithalsigen Glas in die Sonne gestellt und dort mindestens 6 Wochen stehen gelassen. Danach presst man den Saft ab, zuerst im Sieb, dann durch ein Tuch. Soll der Schnaps süß schmecken, so fügt man ½ kg Zucker, der in ¼ l Wasser aufgelöst und erhitzt (gesponnen) wurde, zu. Wird weniger Süße gewünscht, so reduziert man die Zucker- oder die Wassermenge. Der so entstandene Schnaps wird in Flaschen abgefüllt und noch einige Wochen gelagert, ehe er kredenzt wird.

Johanniskraut-Schnaps

verbessert depressive Stimmungen, macht aber lichtempfindlich

In ein weithalsiges Gefäß füllt man bis zur Hälfte Johanniskrautblüten und so viel guten Kornschnaps, dass die Blüten gut bedeckt sind. Nach vier Tagen gießt man die Flüssigkeit, die bereits eine dunkelrote Färbung hat, durch einen Filter. Der Schnaps kann sofort getrunken werden, wird aber besser, wenn er länger gelagert wird.

Knoblauchschnaps

für gesunde Arterien, bei hohem Blutdruck und Durchblutungsstörungen

10 frische junge Knoblauchzwiebeln mitsamt dem Grün auf die Länge des Glasgefäßes, in dem angesetzt wird, schneiden und mit den Zwiebeln nach unten in das Gefäß stellen. Mit 1 l Obstbrand oder Korn übergießen. 10 Tage stehen lassen, danach abseihen und filtern.

Kümmellikör

nach einem guten Essen mit zuviel Fett

100 g Kümmel werden zerkleinert und mit ¼ kg weißem Kandiszucker und 1 l Obstschnaps vermischt. Man lässt alles in einem Glasgefäß in der Sonne stehen. Nach drei Wochen, wenn sich der Zucker völlig aufgelöst hat, filtriert man die Flüssigkeit durch einen Filter (Kaffeefilter), füllt sie in Flaschen und lässt sie nochmals einige Wochen ruhen.

Magenbitter

magenstärkend und verdauungsfördernd

10 g Eberraute, 8 g Tausengüldenkraut, 8 g Veilchenwurzel, 8 g Benediktenkraut, 90 g ungespritzte frische Orangenschale, 4 g Zimtrinde und 4 g Muskatnuss werden in 2 l Weingeist geschüttet und dort 2 bis 3 Wochen ziehen gelassen. Am besten an einem dunklen, nicht zu kühlen Ort. Nach der Ziehzeit gießt man durch einen Filter und mischt mit Zuckerwasser. Dazu wird ½ kg Zucker mit ¼ l Wasser geläutert (aufkochen und köcheln lassen, bis der Zucker vollständig aufgelöst ist, eventuell abschäumen). Man füllt das Getränk in Flaschen und lässt es nochmals 6 Wochen ziehen.

Melissenlikör

beruhigend und schlaffördernd

Man füllt etwa 150 g frische Melissenblätter in eine weithalsige Flasche und übergießt mit ½ l beliebigem Alkohol (Kornschnaps, Obstler, etc.). Das verschlossene Glas soll 2 Wochen dunkel stehen. Danach kocht man aus ¾ kg Zucker und ½ l Wasser einen Sirup, lässt diesen erkalten und gießt an den Melissenalkohol. Man vermischt die Flüssigkeiten, filtert durch ein Leinentuch und füllt den Melissenlikör in Flaschen. Nach einigen Wochen Lagerzeit schmeckt er sehr gut und duftet nach Melissen.

Melissengeist I

als Gesundheitsschluck in den Tee geben

250 g oder mehr getrocknete Melissenblätter und die abgeriebene Schale einer unbehandelten Zitrone, 1 Teelöffel geriebene Engelwurz-Wurzel und einige Gewürznelken in ein Glasgefäß geben. Mit 1 Liter Wodka aufgießen und an einem hellen Platz mindestens 14 Tage ziehen lassen. Anschließend durch einen Kaffeefilter oder ein Mulltuch abfiltern, in eine Flasche füllen und verschließen. Vor Gebrauch mindestens zwei Monate ruhen lassen. Schmeckt köstlich im Tee!

Melissengeist II

stärkt die Abwehrkräfte, täglich 1 Stamperl beruhigt das Gemüt

❀ 1 Hand voll frische Melissenblätter (kann auch etwas mehr sein) in eine weithalsige Flasche füllen. ❀ 1 Naturzitrone abschälen und die Schale dazu geben. ❀ Die Zitrone auspressen und den Saft ebenfalls in die Flasche füllen. ❀ 10 Gewürznelken, 1 Zimtstange und 1 Vanillestange (das Innere ausschaben und für Vanillezucker verwenden) durch die Öffnung schieben. ❀ Die Kräuter-Gewürzmischung mit einem klaren Apfelschnaps (auch Birnenschnaps oder milder Obstler sind möglich) ansetzen, 3 bis 4 Wochen im Dunklen stehen lassen. ❀ Wer es gerne süß hat, gibt 1 EL Honig dazu. ❀ Nach der Ziehzeit durch ein Tuch filtern.

Nussgeist

vor oder nach dem Essen reichen, macht einen guten Magen

❀ Wer es geschmacksintensiv liebt, fügt zu 10 unreifen Walnüssen (etwa Mitte bis Ende Juni gepflückt) eine zerkleinerte Ingwerknolle, einige Gewürznelken, Sternanis und etwas Kümmel, übergießt mit 1 l gutem Obstschnaps oder Korn und lässt den Ansatz bis zu 7 Wochen an einem warmen Ort stehen. ❀ Dann wird gefiltert und mit 100 g Kandiszucker, der in wenig Wasser aufgekocht und aufgelöst wurde, versetzt. ❀ Nach gründlichem Vermischen in Flaschen füllen und kühl lagern.

Nusskern-Likör

ein magenstärkendes Mittel

❀ 1 kg frische Nüsse werden gehackt und in ein weithalsiges Glas gefüllt. ❀ Man gießt mit 1 l Weingeist auf und stellt das Glas verschlossen für 4 Wochen in die Sonne. ❀ Täglich schütteln! ❀ Nach 4 Wochen entfernt man die Nüsse und gibt 1 TL Nelkengewürz, 1 TL gemahlenen Zimt und die Schale einer ungespritzten Orange in den Alkohol. ❀ Nochmals 1 Woche an der Sonne stehen lassen. ❀ Dann wird ¼ kg Zucker in ½ l Wasser aufgekocht und zum gewürzten Alkohol gegeben. ❀ Anschließend durch ein Tuch oder einen Kaffeefilter filtern und den fertigen Likör in Flaschen abfüllen.

Pfefferminz-Longdrink

eine erfrischende und seltene Köstlichkeit

1 Hand voll frische Minzenblätter gibt man in ein weithalsiges Glas und übergießt sie mit ½ l reinem Alkohol. Etwa 10 Tage ziehen lassen. ¾ l Wasser mit ¼ kg Zucker mischen, erhitzen und etwas köcheln lassen. Den erkalteten Zuckersirup mit dem Alkohol mischen. Anschließend filtern und dabei die bröselig gewordenen Blätter gut ausdrücken. In Flaschen füllen. An heißen Tagen wenig Pfefferminzlikör mit Mineralwasser aufgießen, einen Würfel Eis, 1 Zitronenscheibe und 1 Blatt frische Minze dazugeben und servieren.

Pfefferminzlikör

nervenstärkend und keimtötend

5 große Pfefferminzzweige in ein Gefäß geben, einige Blättchen Zitronenmelisse, 10 Korianderkörner, 2 Gewürznelken und ¼ kg braunen Kandiszucker hinzufügen. Mit 1 Liter starken Kornschnaps oder Obstbrand übergießen. Das verschlossene Ansatzgefäß an einen hellen, warmen Platz stellen und 8 bis 10 Wochen stehen lassen, öfter schütteln. Durch eine Filtertüte abfiltern. Wenn der Likör zu wenig süß ist, noch mit etwas Zuckersirup versetzen, er hat eine herrliche grüne Farbe und duftet betörend.

Quittenlikör

Man kann den Likör bereits nach einem Jahr trinken, besser schmeckt er, wenn er mehrere Jahre gelagert wurde.

1 kg Quitten mit einem Tuch abreiben, das Kerngehäuse entfernen und kleinhacken. Zusammen mit 1 TL gemahlenem Zimt, dem Saft 1 Zitrone und 4 gehackten bitteren Mandeln in ein weithalsiges Glas füllen (eventuell auch einige Hagebutten). 1 l reinen Weingeist zufügen und 6 Wochen an einen warmen Platz stellen, der auch etwas Sonne abbekommt. Aus 1 l Wasser und ¼ kg Zucker kocht man einen Sirup. Man filtert das Quitten-Alkoholgemisch, vermengt es mit der Zuckerlösung und füllt in Flaschen ab. Den Likör möglichst lange lagern lassen.

Rosmarinlikör

ist ausgesprochen unterstützend für den Kreislauf

40 g Rosmarinblätter in 1 l gutem Obst- oder Kornbrand ansetzen, das Gefäß verschließen und 6 Wochen an einen sonnigen Platz stellen. Danach abseihen und mit einer Zuckerlösung vermengen. ¼ kg Zucker, in ½ l Wasser zu Sirup gekocht, ist in den meisten Fällen ausreichend. Wenn der Likör zu wenig süß schmeckt, wird noch Zuckerlösung beigefügt, soll der Alkoholgehalt reduziert werden, setzt man reines Wasser zu. Durch einen Papierfilter gießen, verschließen und mindestens 2 bis 3 Monate nachreifen lassen.

Sanddornlikör

immer wieder ein Schluck wirkt gesundheitsfördernd

1 Teil frische Beeren werden mit 4 Teilen Obstbrand in die Wärme gestellt. Täglich schütteln und nach 3 bis 4 Wochen abseihen. Um den Geschmack zu verbessern, fügt man ¼ bis ½ Teil Kandiszucker bei, den man durch Rühren auflöst. Der Likör soll dunkel und kühl aufbewahrt werden.

Schafgarben-Schnaps

bei allen Frauenkrankheiten

Man pflückt ganze Schafgarbenblütenschirme, je mehr rosafarbene dabei sind, desto besser. Die Blüten kommen in ein weithalsiges Glasgefäß und werden mit so viel Obstbrand oder Kornschnaps übergossen, dass sie vom Alkohol bedeckt sind. 14 Tage an einen kühlen Ort stellen. Abfiltern und in ein neues Gefäß gießen, nochmals stehen lassen, bis sich die Flüssigkeit klärt. In Flaschen füllen und lagern. Je länger die Lagerzeit ist, desto besser wird der Schnaps, den man gläschenweise genießt.

Schlehdorn, Schwarzdorn-Wasser

Man isst die Früche bei Verstopfung, Hautkrankheiten, Allergien, Schleimhauterkrankungen, Erkältungen, allgemeinen Katarrhen oder Schwäche.

Die ganzen, nicht zerquetschten Früchte 3 Mal mit kochendem Wasser übergießen und 10 Stunden auslaugen lassen = ein „Lebenselixier" und schmeckt nach Kirschwasser! Äußerlich dient der Fruchtsaft zum Spülen bei Mund- und Rachenentzündungen und Zahnfleischbluten.

Schlehenschnaps

bei Koliken und Menstruationsbeschwerden

Getrocknete Schlehen in ein großes Einmachglas füllen, die Schale einer Zitrone und einer Orange zufügen (evtl. auch 1 Zimtstange). Mit so viel klarem Schnaps übergießen, dass die Früchte großzügig bedeckt sind. Mindestens acht Wochen an einem warmen, aber dunklen Ort ziehen lassen, öfter durchschütteln. Dann abfiltern und noch etwas lagern.

Schlehenpunsch

Die Schlehen (sie müssen entweder im Tiefkühler oder in der Natur gefrostet worden sein) werden im Entsafter gepresst. Auf 1 l Schlehensaft kommt 1 Flasche Rotwein. Langsam erhitzen, Zucker oder Honig nach Geschmack beifügen. Der Punsch soll nicht kochen! Als Gewürz einige Nelken, 2 Zimtstangen, den Saft einer Orange und etwas Sternanis unterrühren.

Schlehenlikör

Angefrostete Früchte anstechen, dann in ein Einmachglas füllen, der Saft soll erst hier herausrinnen. Mit Zucker (Kandiszucker) großzügig bedecken, das Innere einer Vanilleschote, 1 Zimtstange und einige Gewürznelken dazugeben. Mit klarem Obstler oder Korn übergießen, bis alles gut bedeckt ist. Zugedeckt mindestens zwei Monate an einem warmen Platz ziehen lassen, immer wieder schütteln. Nach dem Abfiltern und Auspressen hat der Likör eine schöne, rote Farbe. Ist er zu süß, fügt man noch Schnaps zu, ist er zu stark, füllt man mit destilliertem Wasser auf.

Taubnesselllikör

krampflösend und entzündungshemmend

4 Hand voll Blüten werden von den grünen Kelchblättern befreit und mit 1 l Korn oder Obstbrand übergossen. Den Ansatz 6 Wochen an einen warmen Platz stellen. Danach wird gefiltert und in Flaschen gefüllt. Zuckerzusatz ist nicht unbedingt nötig, da die frischen Blüten dem Likör einen süßlichen Geschmack verleihen.

Tausendgülden-Bittersüß

Wird zur Unterstützung der Verdauung verwendet.

8 g Tausengüldenkraut (getrocknet), 8 g Alantwurzel (getrocknet), 8 g Enzianwurzel (getrocknet), 12 g Sternanis, 4 g Anis, 50 g frische Zitronenschale und 4 g Weinstein werden in 2 l Obstbrand angesetzt und 3 Wochen an einen warmen, hellen Platz gestellt. Dann filtert man ab und vermengt den Ansatz mit ½ kg in Wasser gelöstem Zucker. Man zieht auf Flaschen und lässt einige Wochen ruhen.

Thymianlikör

eine Kräftigung der Nerven ist wahrscheinlich

50 g Thymian mit 1 l hochprozentigem Alkohol übergießen und 4 Tage ziehen lassen. Dann aus ½ l Wasser und etwa 300 g Zucker eine Zuckerlösung spinnen. Den Alkoholauszug abseihen, die Zuckerlösung daruntermischen, abfiltern und in Flaschen füllen. Dunkel lagern und einige Wochen ruhen lassen.

Veilchenlikör

Zutaten: ½ kg frische Veilchenblüten (alle Stängel entfernen), ½ l Wasser, 300 g brauner Zucker, ½ l hochprozentiger Korn oder Obstbrand, ¼ l Cognac. Die Veilchenblüten mit fast siedendem Wasser übergießen und 1 Tag lang abgedeckt ziehen lassen. Den Zucker hinzufügen, das Gemisch durchrühren und nochmals stehen lassen, bis sich der Zucker aufgelöst hat. Durch ein Sieb (Filter, Tuch) abgießen und erhitzen. Kurz vor dem Sieden vom Feuer nehmen. Wenn die Flüssigkeit kalt ist, den Obstbrand und den Cognac zufügen. Ist der Likör zu stark, mit etwas aufgekochtem Wasser verdünnen. Ist er zu wenig süß, Zucker in wenig Wasser auflösen, das Gemisch aufkochen und ebenfalls zugeben. Den fertigen Likör in saubere Flaschen füllen, verschließen und kühl und dunkel lagern. Er sollte etwa 3 Monate lagern, bevor er getrunken wird.

Eine Variante: Veilchenblüten nicht im Wasser, sondern im Alkohol ausziehen lassen. Dies geht schneller als beim Wasser, 1 Stunde reicht völlig, um einem geschmacksneutralen hochprozentigen Alkohol Veilchenaroma zu geben. Auf 1 l Alkohol kommt dann ein Zuckersirup, den man aus etwa 400 g Zucker und etwas Wasser herstellt (1 Mal aufkochen lassen). Nach dem Abkühlen dem Veilchenauszug beimengen, gut vermischen und in kleine Flaschen abfüllen. Vor dem Genuss eine Zeit lang stehen lassen.

Vogelbeerlikör

wunderbares Hausmittel für vielerlei Wehwehchen

¼ kg Birnen entkernen und samt Schale in kleine Stücke teilen. Mit 1 kg reifen Vogelbeeren in ein großes Glas füllen, mit 1 Liter Weinbrand aufgießen. Das Glas verschließen und für 6 Wochen an einen sonnigen Platz stellen, es muss häufig geschüttelt werden. Durch ein Tuch filtern und mit einer Zuckerlösung aus ¼ kg Zucker und ½ Liter Wasser (etwa 10 Minuten kochen lassen) mischen. In Flaschen füllen. Der Likör ist nach zwei Monaten trinkfertig und wird mit der Zeit immer besser. Er ist unbegrenzt haltbar.

Vogelbeerwodka

für besondere Stunden und Grippezeiten

½ kg Vogelbeeren, ½ kg entkernte, in Stücke geschnittene Äpfel und 100 g Zucker werden schichtweise in ein hohes Glas gefüllt und mit 1 Liter Wodka übergossen. Die Früchte müssen bedeckt sein, während der Ziehphase also immer wieder nachsehen, ob nicht noch Wodka nachgefüllt werden muss. Verschlossen etwa 2 Monate an der Sonne stehen lassen, dann filtern und in Flaschen abfüllen.

Wacholderschnaps

Ein Likörgläschen pro Tag wirkt als Verjüngungstrank und hilft bei Schmerzen aller Art. Man kann aber auch einen rheumageplagten Körper damit einreiben.

Man füllt ein weithalsiges Gefäß zur Hälfte mit frischen oder getrockneten Wacholderbeeren. Der Rest des Behälters wird mit klarem Schnaps aufgefüllt. Zugebunden lässt man das Glas an der Sonne oder an einem warmen Ort mindestens 14 Tage stehen. Es macht auch nichts, wenn daraus drei Wochen werden. Dann abseihen und in dunkle Flaschen füllen.

Waldmeisterlikör

macht ein frohes Herz und lindert Altersleiden

1 Büschel Waldmeister (besteht aus etwa 15 bis 20 Pflanzen) ohne Blüten mit 1 l Obstbrand oder Korn übergießen und für 3 Wochen an einen warmen Platz stellen. Danach abfiltern und mit einer Zuckerlösung, je nach Geschmack (ausprobieren), süßen. Der Likör muss drei Monate im Keller lagern, um auszureifen.

Weißdornlikör

stärkt Herz und Nerven

1 Hand voll Weißdornbeeren und einige getrocknete Blüten (letztere müssen nicht sein) in 1 l Cognac ansetzen. 2 Teelöffel getrocknete Melisse dazugeben, 8 Tage abgedeckt ziehen lassen. Abseihen, in ein Einmachglas füllen, ¼ kg braunen Kandiszucker zufügen und so lange stehen lassen, bis sich der Zucker aufgelöst hat. Schütteln und in dunkle Flaschen füllen. Nach einigen Wochen Lagerzeit kann der Likör getrunken werden.

Essig ist ein Alleskönner

Mit einem Kräuteressig lassen sich nicht nur Salatsoßen fein abschmecken. Im menschlichen Körper hat er gesundheitsfördernde Wirkung und sorgt für eine gesteigerte Magensäureproduktion. Ein Esslöffel Essig zur Mahlzeit, im Salat oder mit Wasser als Getränk, hilft Eisen und Kalzium verwertbar zu machen und bei der Eiweißverdauung. Viele Essigarten sind auch vorzügliche Einreibe- und Körperpflegemittel und werden schon seit altersher als probates Mittel bei vielerlei Problemen, z. B. auch gegen Reisebeschwerden, empfohlen.

Edler Essig wird nicht nur aus Most oder Fruchtsäften, sondern auch aus Honig, Molke oder Weinen zubereitet, der Phantasie sind keine Grenzen gesetzt, in Asien bereitet man Essig aus Reis oder Reiswein. Fertig gekaufter Kräuteressig entsteht, indem künstlich hergestellte Gewürzessenzen und Aromen oder Auszüge der Pflanzen dem fertigen Essig beigemischt werden.
Beim Selbstherstellen von Kräuteressig kann man nach persönlichen Vorlieben vorgehen. Essig verstärkt Bukett und Wirkstoffe der Kräuter. Bestens geeignet sind alle Gewürzkräuter, man kann durchaus anstatt der frischen, die getrockneten verwenden. Zwiebel, Knoblauch, Pfeffer und Senf verfeinern den Geschmack und ergeben interessante Variationen. Mischungen sind ebenso möglich wie Einzelkräuter.

Es geht denkbar einfach: Man fügt einem guten Grundessig von einem Biohof oder aus dem eigenen Keller (Essigmutter) Kräuter und Heilpflanzen direkt zu und lässt einige Wochen bis Monate stehen. Früchte, Gewürze, Knoblauch und Zwiebel werden auf diese Weise ausgezogen und geben ihre heilenden Inhaltsstoffe an den Essig ab, der natürlich auch viel blumiger im Geschmack wird. Er fördert den Appetit und ist ausgesprochen stoffwechselanregend. In dekorativen Flaschen schmückt Kräuteressig den gedeckten Tisch oder wird zu einem begehrten Geschenk.

Besonderes Augenmerk ist allerdings auf den Grundessig zu legen. Herkömmlicher Essig wird heute meist bereits synthetisch hergestellt und hat als Grundmaterial das Erdölprodukt *Acetaldehyd*. Man gewinnt daraus hochprozentige Essigsäure, die zum Speise- oder Konservenessig verdünnt wird. Oder der Industrieessig fällt als Nebenprodukt bei der Getreide- oder Zuckerverarbeitung an, es entstehen *Branntweinessige*, die für Kräuteransätze nicht zu empfehlen sind.

Weinessig wird, wie schon der Name sagt, aus Wein erzeugt. Handelt es sich um ein seriöses Produkt, so ist die Qualität meistens gut, dasselbe gilt für den *Weingeist-Essig*, der aus destilliertem Wein hergestellt wird. Man muss sich hier auf den Erzeuger verlassen. Nicht umsonst kosten einige Essige um die 2000 € pro Liter.
Es kann zwar aus nahezu allen Obstsorten Essig produziert werden, am bekanntesten ist aber der *Apfelessig*. Während man vom *Weinessig* annimmt, er stärke die psychischen Kräfte, wirkt der *Apfelessig* eher auf das Stoffwechselgeschehen im Körper. Ein tadelloser Apfelessig wird immer aus der ganzen Frucht und nicht (wie heute manchmal üblich) aus den Schalen und dem Kerngehäuse bereitet.

Aufbewahren

Essige dunkel aufbewahren und nach dem Öffnen in den Kühlschrank stellen.

Würzen

Vor Fertigstellung einer Speise mit Tomaten (Suppen, Soßen, Sugo, Fleisch) oder jeder Gemüsesuppe und jedem Kochgemüse: 2 Spritzer Kräuteressig zufügen und nochmals aufkochen lassen, dies unterstreicht und verbessert den Geschmack.

Grundrezept Apfelessig

Tausendsassa unter den Hausmitteln, Stoffwechselaktivator, Balsam für die Atemwege, Mittel gegen Erkältungen, fördert die Durchblutung und stärkt den Säureschutzmantel der Haut.

Man kann sich guten Apfelessig ganz leicht selbst machen, indem man vorerst einmal Äpfel wäscht und im Entsafter oder der Saftpresse entsaftet. Den Saft und auch ein wenig der übrig geblieben Schalen und Kerne in ein zur Weinherstellung geeignetes Gefäß füllen. Etwas Wasser und Trockenreinzuchthefe (nach Rezept auf der Packung) zufügen. Jetzt mit einem Gäraufsatz verschließen und mindestens vier Wochen stehen lassen Es ensteht Apfelwein. Wenn der Wein fertig ist (Alkoholgehalt 4 bis 7 %) mit einer Essigmutter (oder Essigbakterien) impfen (im Fachhandel, bei Biobauern oder Bekannten erhältlich). Mit einem Leinentuch bedeckt etwa zwei Monate ruhen lassen. Die Essigmutter bildet an der Oberfläche Schlieren, das beeinträchtigt aber nicht die Qualität, im Gegenteil. Immer wieder kosten, wenn der Essig gut schmeckt, in Flaschen füllen. Die Essigmutter kann für den nächsten Ansatz weiterverwendet werden.

Basilikumessig

Bei Ohnmachtsanfällen unter die Nase halten. Lust fördernd!

1 Zweig Basilikum wird in eine Flasche mit gutem Apfelessig gesteckt, der Essig nach Bedarf verwendet. Wenn der Geschmack zu intensiv wird, entfernt man den Basilikumstängel.

Blütenessig

Dieser Essig eignet sich besonders gut als Getränk (verdünnen) und für kosmetische Anwendungen. Mischungen aus zwei oder mehr Blüten sind möglich.

Beliebige Blüten verwenden, z. B. Lavendelblüten, Klee, Kapuzinerkresse, Schlüsselblumen, Rosen, Rosmarinblüten, etc., mit erwärmtem Obstessig aufgießen, mit einem säurebeständigen Deckel verschließen und in ein sonniges Fenster stellen. Während zwei Wochen täglich schütteln, dann abfiltern. Zur Verzierung einige frische Blüten beifügen.

Dillessig

gegen Blähungen und bei Schlafproblemen

Man legt entweder einige Zweige Dillkraut oder Dillsamen (auch beides ist möglich) in eine hübsche Flasche und gießt mit Weinessig auf. Nach etwa 2 Wochen nach Belieben verwenden. Beachten Sie dabei, dass der Geschmack mit der Zeit immer intensiver wird.

Eberrautenessig

regt die Galle an

2 Zweige getrocknete Eberraute in eine Flasche geben, den Saft ½ Zitrone zufügen und mit 1 l Weißweinessig übergießen. Die Flasche 3 Wochen an einem kühlen Ort ruhen lassen, der Geschmack hat sich dann voll entwickelt.

Fenchelessig

krampflösend und beruhigend

¾ l Weißweinessig und ¼ l Weißwein mischen. Je 2 EL frisches Fenchelkraut oder Fenchelknolle und einige Dillspitzen zufügen. Erwärmen und dann in ein verschließbares Gefäß abfüllen. Eine Woche ziehen lassen, dann abfiltern. Als Geschenk in eine hübsche Karaffe füllen und einige frischen Fenchelblättern beigeben.

Gamanderessig

Dieser Essig eignet sich für Einreibungen bei rheumatischen Beschwerden.

1 Hand voll Gamander trocknen und zu Pulver verreiben. In ½ Liter Obstessig ansetzen, zwei Wochen stehen lassen.

Heilziestessig

heilend und schmerzstillend

Zutaten: 5 zerdrückte weiße Pfefferkörner, 5 zerdrückte Wacholderbeeren, 1 Lorbeerblatt, 4 kleine Zwiebelscheiben, 5 Basilikumblätter, 1 Büschel Heilziest und 1 Büschel Petersilie gibt man in einen Steinguttopf. Die Kräuter und Gewürze übergießt man mit 1 l aufgekochtem, heißem Weinessig. Den Topf zugebunden zwei Wochen kühl lagern. Dann seiht man den Essig ab, füllt ihn in Flaschen und verschließt diese gut.

Holunderessig

für Nieren, Blase und ein gutes Blutbild

Man füllt frisch gepflückte saubere Holunderblüten in eine Flasche und übergießt sie mit Weinessig. Nach 14 Tagen in der Wärme wird der Essig durchgeseiht, in Flaschen gefüllt und verschlossen. Auch mit Holunderbeeren und Brombeeren möglich.

Melissenessig

auch am Abend verwenden, wirkt beruhigend

Frisch gepflückte Stängel mitsamt den Blättern und Blüten etwas anquetschen und in ein sauberes Gefäß füllen. Mit leicht erwärmtem Essig übergießen, bis alles Kraut bedeckt ist. Verschließen und an einen sonnigen Platz stellen. Während der Ziehzeit von ca. zwei Wochen täglich schütteln. Wenn der Geschmack ausgeprägt genug ist, abfiltern und in Flaschen geben. Sollte der Essig noch etwas Kräutergeschmack vertragen, nach dem Abfiltern die Prozedur mit frischen Kräutern wiederholen.

Quendelblütenessig

Der Essig eignet sich verdünnt als Getränk, Haarspülmittel oder Gesichtswasser.

Ausschließlich abgezupfte Blüten verwenden, diese großzügig in einen Keramik- oder Glastopf füllen, mit erwärmtem, aber nicht zu heißem Mostessig übergießen, bis die Blüten bedeckt sind. Mit einem Deckel verschließen, an einen sonnigen Platz stellen und zwei Wochen lang täglich schütteln. Sollte der Essig nicht intensiv nach Quendel schmecken, abseihen und wiederum mit frischen Blüten ansetzen.

Rosmarinessig

zur allgemeinen Stärkung

10 EL Rosmarinblättchen, einige Pfefferkörner, 2 Knoblauchzehen und 1 EL Senfkörner in eine große Flasche füllen, mit 1 l Weißweinessig oder Apfelessig aufgießen. Zwei bis vier Wochen in der Küche stehen lassen (bei 20 bis 25 Grad), manchmal mit einem Holzlöffel umrühren. Ist das Aroma zufriedenstellend, durch einen Filter gießen, in Flaschen füllen und verkorken oder verschrauben. Ein Zweig Thymian oder Rosmarin dient der Verschönerung.

Salbeiessig

Verdünnt als Gesichtslotion und als Haarspülung, um die Haare zu kräftigen.

2 Zweige Salbei und die Schale einer ungespritzten Zitrone in 1 l Weißweinessig ansetzen, gut durchschütteln und verschließen. An einen kühlen Ort stellen und vor Gebrauch 3 Wochen stehen lassen. Salbeiessig schmeckt in Salaten, ist aber auch als Kosmetikum einzusetzen.

Stiefmütterchenessig

Wirkt wunderbar als Getränk bei unreiner Haut.

3 Hand voll Blüten ohne Stängel in eine Flasche füllen, mit ca. 1 l Weinessig übergießen. Gut verschließen und einige Tage an einen sonnigen Platz stellen. Dann durchseihen und kühl aufbewahren. Gibt eine besondere Würznote.

Veilchenessig

ist blutdruckstabilisierend

Etwa 1 Hand voll Blütenblätter in eine Flasche füllen und mit einem guten Weinessig übergießen. Die Flasche verschließen und an einem hellen Ort einige Zeit stehen lassen. Nach etwa 2 Wochen ist der Essig zu verwenden. Man kann die Blätter herausfiltern, oder aber im Essig lassen. Passt gut zu allen Salaten, ist aber auch verdünnt als Getränk möglich, außerdem als sanftes Reinigungsmittel für die Haut. Veilchenessig kann (verdünnt) bei Kopfschmerzen esslöffelweise eingenommen werden, außerdem ist er ein Beruhigungsmittel für Hypernervöse.

Ysop-Essig

für empfindliche, unreine Haut

4 EL getrocknete oder frische Ysopblüten mit ¼ l Apfelessig übergießen und verschlossen 2 Wochen an einem kühlen Platz ziehen lassen, dann abseihen. Den Ysopessig dem warmen Vollbad zufügen. Die Essigmenge reicht für zwei Bäder.

Kräuteröl

Öl ist eine wichtige Zutat beim Kochen. Aber nicht vom Öl fürs Frittieren oder Herausbacken soll hier die Rede sein, sondern vom sparsam verwendeten Öl als Zutat zu Salaten oder Beigabe in Gemüsesäften. Für andere Zubereitungen wäre das edle Kräuteröl zu schade. Das typische Aroma und die Farbe spezieller Pflanzen halten sich wochenlang in Öl, wenn es optimal gelagert wird.

Kalte Ölauszüge sind schnell herzustellen, halten aber nur etwa einen Monat, später können sie ranzig werden und sind nur mehr als Körperpflegemittel zu verwenden. Hier gilt also – nicht auf Vorrat arbeiten, sondern nur jene Menge herstellen, die man in den kommenden Wochen braucht.

Grundrezept für Kräuteröle

Alle neutralen, kaltgepressten Öle wie Olivenöl, Distelöl, Sonnenblumenöl, Sojaöl, Maiskeimöl oder Rapsöl sind als Grundlage geeignet. Sie lassen sich geschmacklich durch die Zugabe von Kräutern verändern. Besonders einfach geht das, indem man dem Öl einfach einige Tropfen (Geschmacksintensität ausprobieren!) ätherisches Öl der klassischen Gewürzkräuter beifügt.

Geeignet sind die ätherischen Öle von:
Basilikum • Fenchel • Petersilie • Rosmarin • Schwarzkümmel • Thymian • Zitrone

Ebenso einfach ist es, aus frischen oder getrockneten Gewürz- oder Heilkräutern wohlschmeckendes Öl herzustellen.
Die frischen Kräuter werden sorgfältig gereinigt und dürfen nicht feucht sein, getrocknete Kräuter nimmt man direkt aus dem Säckchen oder der Dose.
Man gibt einige Zweige der Pflanze oder ein bis zwei Teelöffel des getrockneten Krautes in eine Flasche, gießt mit Öl auf und lässt den Ansatz mindestens drei Tage ziehen. Kräuter geben ihr Aroma schon nach wenigen Tagen an das Öl ab. Je mehr Kräuter man dem Öl beisetzt, desto intensiver der Geschmack.
Die Mischung unterschiedlicher Kräuter ist möglich, Knoblauchzehen und Chilischoten sollten bei Mischungen immer mit dabei sein.

Besonders geeignet sind folgende Kräuter:
Basilikum • Bohnenkraut • Estragon • Koriander • Knoblauch • Lavendel • Majoran • Oregano • Petersilie • Pfefferminze • Rosmarin • Salbei • Thymian •

Bärenklauöl

Bärenklauöl ist eine gesunde Alternative zum herkömmlichen Salatöl, das sich bei einer eventuell vorhandenen Neigung zur Zuckerkrankheit günstig auswirken kann.
3 Teile Bärenklau und 1 Teil Nelkenwurz werden mit ca. 1 l kaltgepresstem Distelöl angesetzt und 2 Wochen verschlossen kühl und dunkel aufbewahrt. Die getrockneten Kräuterteile müssen während der Ziehzeit völlig mit Öl bedeckt sein, weil sie sonst schimmeln. Anschließend abseihen und in Flaschen dunkel lagern.

Bärlauchöl

Bärlauch hat blutreinigende Wirkung und wirkt Arterienverkalkung entgegen.

6 bis 8 Bärlauchzwiebeln (im Herbst) oder 3 Hand voll Bärlauchblätter (im Frühling) werden grob zerkleinert und mit 1 l kaltgepresstem Oliven-, Sonnenblumen- oder Distelöl übergossen. Das Gefäß soll weithalsig sein, die Bärlauchblätter müssen anfangs zumindest bis zur Hälfte des Öls reichen. 4 Wochen ins Dunkle stellen und ziehen lassen. Danach wird abgeseiht und das Öl in dunkle Flaschen gefüllt. Der leicht knoblauchartige, säuerliche Geruch ist normal. Das Öl hält monatelang und eignet sich besonders zum Beizen von Fleisch, weil es dessen Haltbarkeit verlängert. Bei der Verwendung von Bärlauchzwiebeln ist der Geschmack nach Knoblauch intensiver.

Bohnenkrautöl

eines der besten Gewürzöle

Kräuter waschen und trocken tupfen. Holzige Stängel etwas anquetschen, in eine Flasche füllen. Mit kaltgepresstem Öl bester Qualität übergießen. Man muss darauf achten, dass das Öl die Kräuter vollständig bedeckt. Die Flasche verschließen und zwei Wochen kühl stellen. Anschließend durch ein Mulltuch filtern und alsbald verwenden. Das Öl immer wieder frisch bereiten, es kann auch aus getrocknetem Kraut hergestellt werden.

Estragonöl

Kräuteröle sind ein nettes Geschenk und eine wohlschmeckende Bereicherung der Salatküche.

Kräutermischungen können nach Belieben dazu verwendet werden. Ausgangsbasis sind immer: 2½ Tassen kaltgepresstes Sonnenblumenöl, ½ Tasse fein gehackte, frische Petersilie, ½ Tasse beliebige andere Kräuter, in diesem Rezept Estragon. Das Öl in ein keimfreies weithalsiges Glas geben, mit den gehackten Kräutern vermischen, zugedeckt 1 Woche in einem kühlen Raum stehen lassen. Dabei öfter umrühren. Das Öl anschließend in eine saubere Flasche füllen, eventuell einen frischen Estragonstängel zur Verzierung hinzugeben. Die verbrauchten Kräuter wegwerfen. Gut verschließen und kühl lagern, das Öl innerhalb des Öl-Ablaufdatums verbrauchen.

Johanniskrautöl

Nicht nur als Speiseöl, sondern vor allem als Heilöl für schmerzende Gelenke, zur Narbenbehandlung, bei Sonnenbrand oder Wunden der Haut zu verwenden.

Beim Sammeln darauf achten, dass in erster Linie Knospen gepflückt werden, sie enthalten den roten und heilsamen Farbstoff in großer Menge. Die Blüten und Knospen sanft anquetschen, das geht mit einem Nudelwalker. (Nicht so fest anpressen, dass das Brett rot wird!) In ein Glasgefäß füllen und mit Olivenöl übergießen. Mit einem Tuch abdecken (nicht verschrauben!). In die Sonne stellen und so lange stehen lassen, bis das Öl sich dunkelrot gefärbt hat. Das Glas soll direkter Sonneneinstrahlung ausgesetzt sein, also ins Freie gestellt werden. Am Abend immer ins Haus holen (wegen der Nachtfeuchtigkeit). Nach etwa 2 bis 3 Wochen durch einen Filter gießen. Dunkel und kühl lagern.

Kräuterdressing

für den Winter

Zutaten: 1½ Tassen getrockneter Dost, 1 Tasse getrocknetes Basilikum, ½ Tasse getrockneter Dillsamen, ½ Tasse getrocknete Pfefferminzblätter, ½ Tasse Zwiebelpulver, 1 Esslöffel Salz, 1 Esslöffel gemahlener schwarzer Pfeffer und 2 Esslöffel Senfkörner werden gut vermischt und in einem verschlossenen Glas aufbewahrt. Für die Herstellung des Kräuterdressings für einige Tage nimmt man 2 Esslöffel des Kräutergemischs und rührt es in 1½ Tassen kaltgepresstes gutes Öl und ½ Tasse Apfelessig ein. Das Ganze muss etwa 1 Stunde ziehen und ist dann gebrauchsfertig. Natürlich kann man bei Bedarf auch größere Mengen auf einmal herstellen, etwa den Vorrat für eine Woche.

Kräuteröl, französisch

für den Sommer

1 Bund frischer Thymian, 1 Bund frischer Rosmarin, 5 mittlere Knoblauchzehen, ca. ½ l kaltgepresstes Olivenöl. Kräuter und geschälte, halbierte Knoblauchzehen

in eine sterilisierte Flasche füllen, vorher die Kräuter (besonders die Stängel) etwas mit einem Messer anquetschen, das Aroma wird dadurch besser freigegeben. ✻ Mit dem Öl übergießen, die Kräuter sollen vollständig bedeckt sein. ✻ Mit einem Deckel oder Korken verschließen. ✻ Zwei Wochen an einem dunklen, kühlen Ort stehen lassen. Dieses Öl kann längere Zeit (Ablaufdatum des verwendeten Öls beachten!) aufgehoben werden. ✻ Nach dem Öffnen allerdings im Kühlschrank aufbewahren. ✻ Als Dressing zu verwenden, schmeckt auch gut zu Ziegenkäse oder für Soßen zu Lammbraten oder gebratenes Gemüse.

Mohnöl nach Jakob Lorbeer

Für schmerzende Gelenke, zur Narbenbehandlung und zur Beruhigung, innerlich und äußerlich anzuwenden.

✻ Ein Gefäß zur Hälfte mit Olivenöl füllen und zum Sammeln der Mohnblüten mitnehmen, die zarten Blüten würden den Weg zurück ins Haus nicht schadlos überstehen. ✻ An Ort und Stelle pflücken und in das Öl geben. ✻ Die empfindlichen Blüten etwa um 10 Uhr Vormittag abnehmen. ✻ Wenn sich reichlich Blüten im Öl befinden, mit Stoff abdecken und in der Sonne stehen lassen. ✻ Erst wenn sich das Öl blutrot gefärbt hat, ist das Mohnöl fertig – dies kann einige Tage dauern, manchmal sogar länger und hängt natürlich auch von der Menge der enthaltenen Blüten ab. ✻ Dann abfiltern und dunkel und kühl lagern.

Petersilienöl

ein Vitamin C-Spender, im Verein mit dem Vitamin E des kaltgepressten Öls ein Jungbrunnen

Die Blätter eines dicken Bundes (50 bis 100 g) abgetrocknete Petersilie werden im Mixer (Mixstab) zerkleinert. In ein steriles (vorher auskochen) Gefäß füllen, mit ¼ l kaltgepresstem Distel- oder Sonnenblumenöl aufgießen. Das Gefäß verschließen und dunkel und kühl lagern. Man kann auch Olivenöl nehmen, hat aber dann das Problem, dass zwei dominante Geschmacksrichtungen aufeinander treffen, die nicht miteinander harmonieren. Die winzigen Blattteile bleiben im Öl. Wunderbar für eine Petersilienmajonäse zu verwenden oder als Öl im Tomatensalat.

Petersilienöl, echtes

2 Tropfen täglich helfen bei schmerzhaftem Urinieren und bei Prostataentzündung.

Einige Petersilwurzeln, Stängeln, Blätter, Blüten und/oder Samen gibt man in einen Topf mit Wasser und kocht die Pflanzen etwa 10 Minuten. Daraufhin filtert man durch ein Tuch und lässt die entstandene Flüssigkeit 2 Stunden stehen. Nach dieser Zeit schwimmt auf der Oberfläche das echte Petersilienöl. Man hebt das Öl vorsichtig mit einem Löffel ab.

Veilchenöl

Eine Flasche zur Gänze locker mit Veilchenblüten füllen. Kaltgepresstes, geschmacksneutrales Öl darüber gießen (z. B. Sonnenblumenöl). An einem hellen Ort etwa 1 bis 2 Wochen ausziehen lassen, dann die Blüten herausfiltern und das Öl aufbewahren. Schmeckt gut zu Süßspeisen, vor allem aber zu frischen Frühlingssalaten.

Auflagen, Bäder und Salben

Grundrezept für Salben

* 240 g hautfreundliches kaltgepresstes Öl (Mandelöl, Avocadoöl, Traubenkernöl, Nachtkerzen-Samenöl, auch Olivenöl) und 80 g Kakaobutter (Sheabutter, Lanolin, Bienenwachs) in ein Glas geben. * Das Glas (auch Porzellanschale) ins Wasserbad stellen und erhitzen, bis das Wachs (Butter) schmilzt (bei etwa 50 bis 60 Grad) und sich mit dem Öl verbindet. * In die Masse 100 bis 125 ml Tinktur oder Urtinktur der gewünschten Pflanze einrühren. * Bei geringer Hitze etwa ½ Stunde den Alkohol ausdampfen lassen. * Zwischendurch immer wieder gründlich umrühren. * Danach aus dem Wasserbad nehmen, in einen Topf mit kaltem Wasser stellen und so lange rühren, bis die flüssige Masse fest zu werden beginnt. * Wer eine Geruchsverbesserung wünscht, rührt jetzt einige Tropfen ätherisches Öl ein (Rose, Geranie, Lavendel, Orange, je nach Vorliebe). * In kleine Tiegel füllen, beschriften und in den Kühlschrank stellen. * Hier auch lagern.

Hat man keine Tinktur zur Hand, bereitet man einen sehr starken Pflanzenauszug in Wasser (Tee, Abkochung, je nach Kraut) vor und gibt diesen Auszug anstatt der Tinktur zur Salbe. Achtung: Beide Flüssigkeiten = Tee + Fett sollten beim Zusammenrühren annähernd die gleiche Temperatur haben.

Für noch wirksamere Kräutersalben stellt man vorher auch noch einen Ölauszug der entsprechenden Pflanze her (dauert etwa 3 bis 4 Wochen) und ersetzt das normale Öl durch das mit Pflanzenwirkstoffen angereicherte.
Möglich ist dies bei:
Balsampappel (Rheuma), Beinwell (Knochen, Gelenke), Fichte (Gelenke, Rheuma), Lärche (Gelenke, Gewebe, Rheuma), Johanniskraut (Wunden, Hautschäden), Lavendel (Hautschäden), Lilienblüten (Hautschäden, Altershaut), Ringelblume (Wunden), Thuja (Schmerzen in Gelenken, Rheuma), Arnika (Wunden), Kamille (Wunden, Hautschäden) u. v. m.

Salbe herstellen

Zutaten bereit stellen

genau abmessen, bzw. abwiegen

flüssige und feste Zutaten in ein Glas

im Wasserbad unter Rühren erhitzen

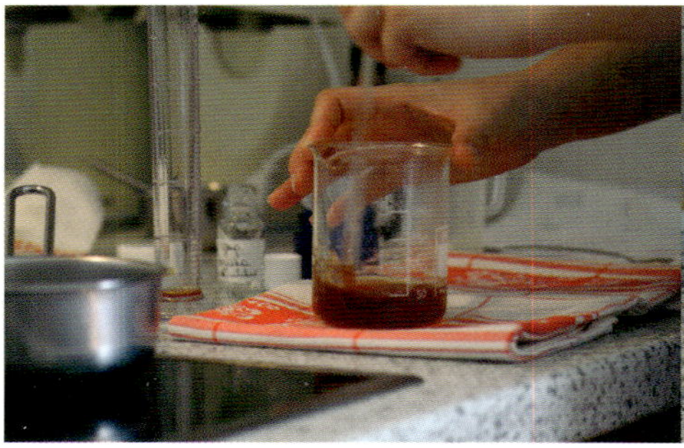

Einrühren der heilenden Tinkturen

in Salbentiegel füllen

Beinwellbalsam

Mit dem Balsam werden Wunden betupft, kleine Verbrennungen und Ausschläge behandelt.

✱ Aus 2 bis 3 frischen Beinwellblättern lässt sich ein Wundbalsam herstellen. ✱ Die Blätter klein zerpflücken, mit 1 Tasse kochendem Wasser übergießen. ✱ 10 Minuten ziehen lassen, abfiltern und nach der Abkühlung verwenden.

Beinwellcreme

Beinwell enthält Substanzen, die die Zellerneuerung anregen.

✱ ½ kg frische gereinigte (bürsten!) und faschierte Beinwellwurzeln in Sesamöl in die Sonne stellen. ✱ 2 Mal täglich schütteln. ✱ Nach ca 3 Wochen abseihen, dabei das Pflanzenmaterial gut ausdrücken. ✱ Aus 1 TL Wurzeln und 125 ml destilliertem Wasser einen Absud herstellen und 30 Minuten ziehen lassen, den Absud abseihen. ✱ 15 g Bienenwachs, 1 TL Honig und 45 g Lanolin (Biolanolin aus der Apotheke) im Wasserbad schmelzen, langsam 125 ml Beinwellöl dazurühren. ✱ Sobald die Fettphase und die Wasserphase 70 Grad haben den Tee tropfenweise zugeben und unterrühren. ✱ Abkühlen und setzen lassen, dann mit 5 Tropfen Kamille oder 5 Tropfen Rose (ätherische Öle) aufwerten.

Brennnesselspiritus

Einreibemittel bei Rheuma und Gicht sowie zur Haarwuchsförderung bei Haarausfall. Solche Zubereitungen sind auch in der Apotheke erhältlich.

✱ 200 g getrocknetes Brennnesselkraut mit Wurzeln wird mit 1 l 70%igem Alkohol angesetzt, 14 Tage unter häufigem Umschütteln stehen lassen, dann abfiltern.

Eukalyptusöl-Kompresse

Eine warme Kompresse mit Eukalyptusöl wirkt bei akuter Harnwegsentzündung krampflösend. Sie sollte zweimal täglich aufgelegt werden.

✱ Dazu ein kleines Leinentuch in ein hitzefestes Plastiksackerl legen. ✱ 1 EL 10%iges Eukalyptusöl aus der Apotheke hineinträufeln. ✱ Das Säckchen verschließen und mit dem Stoff gut durchkneten. ✱ Eine Wärmflasche mit sehr heißem Wasser wenig anfüllen. ✱ Den Plastiksack mit der Ölkompresse auf der Wärmflasche wärmen, ebenso ein Wolltuch und einen Waschlappen. Sie können den Plastiksack (hitzebeständig) + Inhalt auch im Backrohr (50 Grad) anwärmen. ❋ Die warme Kompresse aus der Tüte nehmen und auf die Blasenregion legen. ❋ Mit dem angewärmten Waschlappen und Tuch zudecken. ❋ Dann noch eine Wärmeflasche auf den Unterbauch geben und so mindestens ½ Stunde ruhen. ❋ Wer kein 10%iges Eukalyptusöl aus der Apotheke hat, verwendet ein Gemisch aus einem EL Sonnenblumenöl und fünf Tropfen ätherischem Eukalyptusöl (100%). ❋ Wer beides nicht hat, dem hilft manchmal ein warmer Heusack.

Franzbranntwein

So hießen alle aus Trauben oder Trester gewonnenen Branntweine, der moderne Ausdruck dafür ist Kognak. In der Naturheilkunde ist es ein alkoholischer Auszug aus Latschen, Fichten, Kampfer und Menthol, verwendet vor allem bei Gelenksbeschwerden, Prellungen, Zerrungen und Muskelverspannungen nach dem Sport. Hier eine Variante für den selbstgemachten Franzbranntwein aus vorwiegend frischen Zutaten. Sammelzeit ist das späte Frühjahr.

❋ 1 Hand voll Fichtenwipfeln (frischer Austrieb), 1 Hand voll Kiefer, Tanne, Lärche oder Latschen, es kann auch das Pech sein. ❋ Dazu 1 Hand voll Lavendelkraut, 1 Hand voll Rosmarinblätter und 2 Hand voll frische Pfefferminze. ❋ Das Pflanzengut im Mörser grob zerkleinern oder mit dem Keramikmesser klein schneiden. ❋ Dazu kommen noch einige Wacholderbeeren (aus dem Küchenregal) und 1 daumenlanges Stück unzerkleinerter frischer, geschälter Ingwer. ❋ Füllen Sie alles in ein großes, braunes 2-l-Glas. ❋ Mit etwa 1 l 96%igem Alkohol aus der Apotheke aufgießen, dass alles gut bedeckt ist und noch reichlich Alkohol darübersteht. ❋ Glas verschließen und für 3 Wochen an einem dunklen Ort (bei Zimmertemperatur) stehen lassen. ❋ Häufig aufschütteln. ❋ Dann abseihen und das Kräutergut auspressen. ❋ 30 bis 50 g Kampfer (aus der Apotheke, fester Kampfer löst sich im Alkohol auf) zugeben. ❋ Wenn das Menthol der Pfefferminze nicht ausreichend war und der Ansatz nicht nach Menthol duftet, gibt man noch einige Tropfen ätherisches Pfefferminzöl dazu. ❋ Nochmals stehen lassen. ❋ Nach etwa 4 Wochen ist der Franzbranntwein fertig. ❋ Für ein kleines Fläschchen nimmt man etwa ½ Menge Ansatz und ½ Menge destilliertes Wasser. ❋ Ohne Verdünnung ist die Hautreizung zu hoch. ❋ Selbstgemachter Franzbranntwein kann, in eine Salbengrundlage eingerührt, zur hervorragenden Rheumasalbe werden. ❋ Franzbranntwein wirkt für die Haut kleiner Kinder und alter Menschen wegen des Alkohols zu austrocknend, hier lieber darauf verzichten.

Haferstrohbad

Bei Rheuma und Gicht, bei Hauterkrankungen, Erschöpfung, Frauenkrankheiten und Stoffwechselerkrankungen zu empfehlen.

Für ein Vollbad kocht man 3 Hand voll Haferstroh in 3 l Wasser etwa 15 Minuten aus und fügt die abgeseihte Flüssigkeit dem Badewasser hinzu.

Haselnussbrei

Die „Haselnuss" ist eine der gesündesten, schmackhaftesten und nahrhaftesten Nüsse. Wichtig ist, dass die Nuss fest gekaut wird, dann regt man durch die Kaumuskulatur Gehirn und Nerven an.

Für den äußerlichen Gebrauch werden die Haselnüsse fein gerieben und in Milch zu weichem Brei gekocht, der dann auf entzündete Augen aufgelegt wird, um die Entzündung zu heilen. Auch auf Geschwüre und Eiterungen auflegen, um Eiter herauszuziehen. Bei Diabetikern und bei Gleichgewichtsstörungen Haselnuss zum Müsli geben. Das kaltgepresste Haselnussöl löst Steine im Körper auf.

Hauswurzsalbe

Die bei Verstauchungen wirksame Salbe muss schnell verbraucht werden und ist im Kühlschrank zu lagern.

1 Teelöffel Bienenwachs wird in ein Glas gegeben, ins heiße Wasserbad gestellt und unter Rühren geschmolzen. Man fügt unter ständigem Rühren 4 Esslöffel Johanniskrautöl (auch ein anderes Öl ist möglich) und 4 Esslöffel pürierte Hauswurz dazu. Das Glas aus dem Wasserbad nehmen und stetig weiterrühren, bis die Masse abgekühlt ist.

Herpessalbe

Hervorragend zum Vertreiben der Fieberblasen und bei Viruswarzen. Die Behandlung bei abnehmendem Mond bringt mehr Erfolg

Salbengrundlage: Entweder aus der Apotheke oder selbst gemacht, mit einem selbst angesetzten Braunwurzöl. Auf 100 g Salbengrundlage (= Öl + Wachs) kommen 3 EL Braunwurztinktur. Den Alkohol gründlich ausrühren, oder als Alternative starken Braunwurztee verwenden.

Ebenfalls geeignet: ein Gemisch aus Schöllkrauttinktur und Urtinktur aus frischen Thujenzweigen.

Heublumenbad

Gelenke, ganzer Organismus

Etwa ½ kg Heublumen werden mit 3 bis 5 l Wasser zum Sieden erhitzt und ¼ Stunde mit geschlossenem Deckel gekocht. Man seiht ab und gibt die Abkochung in ein Vollbad, das nicht heißer als 38 Grad Celsius sein darf. Die Badedauer soll ¼ Stunde nicht überschreiten, anschließend ist Bettruhe notwendig. Für Teilbäder (Sitz-, Fuß-, Armbäder) nimmt man entsprechend weniger Heublumen.

Heublumenhemd

In den Absud der Heublumen taucht man ein großes Tuch, wringt es aus und wickelt den Patienten darin ein. Darüber kommen trockene Tücher und Decken, Bettruhe ist verpflichtend. Das Hemd soll ½ Stunde wirken.

Heublumenauflagen

Je nach Größe der zu behandelnden Stelle benötigt man einen passenden Überzug, eventuell Polsterüberzug aus Naturmaterial, oder man näht sich einen passenden Leinensack. Man füllt diesen etwa zur Hälfte mit Heublumen, bindet zu und gibt den Sack auf einen Rost über kochendes Wasser, dass die Heublumen zwar mit dem aufsteigenden heißen Wasserdampf in Berührung kommen, aber nicht vollständig nass werden. Nach etwa 15 Minuten sollte der Sack heiß genug sein. Dann in ein Tuch schlagen und auf die zu behandelnde Stelle legen. Eine Decke darübergeben und beachten, dass der Sack gut am Körper anliegt.

Hirschzungenöl

äußerlich anwenden, ausgezeichnete narbenbildende Eigenschaften

Die frischen Blätter werden angequetscht und mit kaltgepresstem Öl bedeckt. Man muss darauf achten, dass sich alle Pflanzenteile immer unter der Öloberfläche befinden, wenn nötig, Öl nachgießen. 14 Tage in der Sonne stehen lassen, dann abseihen und das Öl bald verbrauchen, es wird leicht ranzig.

Heilsalbe gegen Hämorrhoiden

auch für Frostbeulen, Wunden und Prellungen

3 Teile grüne Blätter der Hirschzunge, 4 Teile Schweineschmalz und 2 Teile Nierenfett werden schonend so lange erhitzt, bis die Blätter ihre Farbe verlieren. Dies dauert, je nach Hitzeeinwirkung, zwischen 5 und 10 Minuten. Durch ein Leinentuch seihen, abkühlen.

Ingwer als Wärmepflaster

Man reibt ein Stückchen Ingwer, das etwa die Größe einer Walnuss hat, auf einer Keramikreibe sehr fein. Wer keine Keramikreibe besitzt, schneide das Stückchen Ingwer mit einem Keramikmesser ab, dann in feine Streifen und mörsere anschließend im Mörser. Die Schale muss für eine äußere Anwendung nicht entfernt werden. Ein Zerhacken mit dem Mixer oder Mixstab sollte man nicht in Erwägung ziehen. Die sanfte Zerkleinerungsmethode ist die bessere. Den austretenden Saft und das Pflanzengut auf einem Baumwoll- oder Leinenfleckchen verteilen. Ein dickes Mulltuch (oder Taschentuch) darunter legen und so auf die schmerzende Stelle im Bereich der Wirbelsäule aufdrücken. Der frische Ingwer kann direkt auf der Haut landen. Ist die Reizung zu stark, legt man ein feines Taschentuch dazwischen. Mit einem weiteren Tuch sichern und über Nacht auf der schmerzenden Stelle belassen. Es kann zu einer nachhaltigen Besserung kommen. Es entwickelt sich Wärme, die von den meisten Menschen als angenehm empfunden wird. Fühlt es sich unangenehm an, entfernt man die Auflage wieder. Achtung: Ingwer verfärbt Kleidung und Bettwäsche gelb, deshalb immer dieselben Tücher nehmen. Das Gelb lässt sich auch durch Waschen nicht mehr entfernen.

Ischias – Einreibemittel

✻ ½ l Olivenöl und ½ l Rotwein in einen Emailtopf schütten, je 15 g Salbei, Rosmarin, Ysop, Majoran, Thymian und Bohnenkraut hinzugeben. ✻ 12 Stunden weichen lassen, anschließend auf kleiner Flamme erhitzen, bis der Wein verdunstet ist und der Aufguss Blasen schlägt. ✻ Vom Feuer nehmen, abseihen.

Johanniskrautöl

Die Arnika der Nerven, bei nervösen Zuständen, Krämpfen und Leberleiden. Nicht in der Sonne verwenden!

✻ Frisch gesammelte Blüten und Knospen werden etwas angequetscht und in ein weithalsiges Glas gegeben. ✻ So viel kaltgepresstes Olivenöl daraufgießen, bis die Blütenmasse zu schwimmen beginnt. ✻ Einige Wochen in die Sonne stellen und täglich schütteln (abends immer ins Haus holen). ✻ Wenn das Öl dunkelrot geworden ist, kann man es abseihen, auspressen und in kleine Flaschen füllen. ✻ Es muss kühl gelagert werden.

Kalmuspuder

gegen Wundliegen

✻ Die Wurzeln im Herd trocknen und zwar so lange, bis sie fast zerbröckeln. ✻ Dann zerdrückt man sie zu Pulver und mischt gleiche Teile Schwertlilienwurzel-Pulver und Kreidepulver dazu. ✻ Anschließend durch ein feines Sieb streichen. ✻ In einem verschlossenen Gefäß aufbewahren. ✻ Zur Körperpflege nach einem Bad oder bei Personen, die lange liegen müssen, einsetzen.

Karotten-Pomade

Mit dieser Pomade kann man Gesicht und Hände einreiben, auch aufgesprungene Lippen werden glatt, wirkt außerdem auch gegen Akne.

✻ Man mischt frischen Karottensaft mit etwas geriebenen Äpfeln und fügt einen Fettstoff (z. B. Schlagobers) dazu.

Kastanien-Kräuteransatz

bei Gicht-, Bandscheiben- und Wirbelschmerzen, auch Schmerzen bei Gelenksschäden, Rheuma, Knochenabnutzung und Muskelkater nach einer Überanstrengung

Der Kräuteransatz ist für den äußerlichen Gebrauch bestimmt, er dient also zum Einreiben. Man massiert die kranken Stellen 2 bis 4 Mal täglich (auch öfter) damit und hält sie warm. Bei unerträglichen Schmerzen kann man ein Papiertuch oder Baumwollfleckerl mit dem Ansatz tränken, auf die betroffene Stelle auflegen und mit einer Wärmeflasche warm halten. Medikamente wirken sofort, Kräuter brauchen etwas länger! Die folgenden Zutaten in ein 5-l-Glas geben und mit etwa 60%igem Alkohol übergießen. 1 ½ kg Kastanien, zerkleinert, 50 g Kalmuswurzel, im Mörser zerrieben, 20 g Zinnkraut, 20 g Engelwurz (Wurzel), 10 g Enzianwurzel, 20 g Ringelblume, 20 g Arnikablüten, 20 g Arnikawurzel, ¼ l Ameisengeist, 4 bis 8 Würfel Kampfer (= 30 bis 60 g). 6 bis 8 Wochen an einen sonnigen Platz stellen, öfters schütteln. Abseihen und in Flaschen füllen. ¼ l Schwedenkräuteransatz (wenn vorhanden) zum fertigen Ansatz geben.

Kopfschmerzen-Salbe

Wermutkraut, Weinraute und Gundelrebe mit Honig zu gleichen Teilen mischen. Mit einem Eiklar zu einem Brei verrühren. Auf Leinen streichen, um die Stirn binden.

Kopfschmerzen-Salbe

nach Hildegard von Bingen

1 Teil Olivenöl und 3 Teile Ziegenfett auf ca. 50 Grad erwärmen. Dem flüssigen Fett 3 Teile warmen (ca. 50 Grad) Veilchensaft zufügen. Zu einer Salbe verrühren, diese quer über die Stirn einreiben.

Kreuzschmerzen-Salbe

¼ kg Bio-Speck wird ausgebraten, bis die Grammeln hellgelb werden. Das Fett filtern. 1 Hand voll Harz von Nadelbäumen im Fett schmelzen lassen, filtern. Diese Harzsalbe wirkt bei Schmerzen.

Lärchensalbe

als ziehendes Mittel auf Brust und Rücken, bei Erkältungshusten oder Bronchitis

1 Hand voll angequetschte frische Lärchentriebe mit ½ l Olivenöl übergießen, in die Sonne stellen und etwa 3 Wochen ausziehen lassen. Dann abseihen und weiterverarbeiten. 200 g Lärchenharz und 80 g Bienenwachs im warmen Öl auflösen (Wasserbad, siehe Salbengrundrezept). Dazu noch 25 ml Bernsteintinktur (siehe Seite 150) rühren. Der Alkohol soll ausdampfen, danach im kalten Wasserbad festrühren und in Töpfchen füllen. Beschriften und im Kühlschrank lagern.

Lavendelöl

Wundheilmittel zur Behandlung von Verbrennungen und kleinen Verletzungen

Von allen Aromaölen ist Lavendelöl sicher das nützlichste. Es gehört zu den wenigen ätherischen Ölen, die direkt auf die Haut aufgetragen werden können. Allergische Reaktionen sind bislang unbekannt. Wenn Sie an Sommerabenden im Freien sitzen wollen, ohne von lästigen Stechmücken gequält zu werden, reiben Sie sich an unbedeckten Hautstellen mit Lavendelöl ein. Muss man vor dem Bügeln die Wäsche befeuchten, so vermengt man das Einsprengwasser mit einigen Tropfen ätherischem Lavendelöl, die Wäsche duftet dann zart.

Leinkrautsalbe

bei Hämorrhoiden

Man erhitzt ¼ kg Bio-Schweineschmalz auf kleiner Flamme, aber nicht so, dass es raucht. Es ist besser, wenn die Temperatur eher niedriger als zu hoch ausfällt. Von einer guten Hand voll Leinkraut gibt man so viel in den Topf, wie das Schmalz aufnimmt. Etwa 30 min. köcheln lassen, dann abkühlen und das Leinkraut entfernen. Wiederum Aufheizen, eine neue Menge Leinkraut hinzufügen, köcheln lassen, wiederum abkühlen und die Pflanzen entfernen. Wenn Sie frische Pflanzen verwenden, machen Sie jetzt noch einen dritten Durchgang. Wenn die letzte Pflanzenmenge wiederum 30 Minuten geköchelt hat und die Masse hernach abgekühlt wurde, können Sie das flüssige Schmalz durch ein Sieb gießen und in kleine Cremetöpfe abfüllen. Im Kühlschrank lagern und bald verbrauchen.

Lindenblütenöl

bei Verbrennungen, Sonnenbrand, entzündeten Hautstellen im äußeren Vaginalbereich und bei Hämorrhoiden

1 Hand voll Blüten mit ¼ l Olivenöl 10 Tage in die Sonne oder an einen warmen Ort stellen. Abseihen und in eine dunkle Flasche füllen. Kühl lagern

Mädesüßlotion

eine zusammenziehende Lotion für die Gesichtshaut

1 Hand voll Mädesüß mit ¼ l kochendem Wasser übergießen und abkühlen lassen. Danach abfiltern und mit 1 Teelöffel Hamamelis verrühren. In eine kleine Flasche füllen und im Kühlschrank lagern, täglich verwenden.

Marienblattlotion

bei Sonnenbrand und ausgetrockneter Haut

Einige Blätter in ¼ l Buttermilch geben und mindestens 24 Stunden ausziehen lassen. Nachher die Blätter entfernen und die Buttermilch als erfrischenden Hautbalsam großzügig auftragen, einwirken lassen und den Überschuss mit Gesichtswasser abnehmen.

Nussanwendungen

für Hautausschläge und Hinterkopfschmerz

Äußerlich sind der Absud von Blättern und Rinde in Bädern bei Skrofulose, Hautausschlägen und Gicht möglich. Nussöl ist eines der besten kosmetischen Mittel. Die Membran der Nuss wirkt stärkend aufs Gehirn.

Pappelsalbe

hervorragend bei Verbrennungen

1 Teil frisch zerdrückte Pappelknospen mit 2 Teilen gutem Schweineschmalz im Wasserbad ½ Stunde auf konstanter, nicht zu heißer Temperatur halten, anschließend abfiltern. Die abgekühlte, fertige Salbe muss grünlich sein.

Pfefferonibrei

bei Mittelohrentzündung

Getrocknete, pulverisierte Pfefferoni mit Weizen- oder Roggenmehl und wenig heißem Wasser zu einem Teig anrühren. Diesen zwischen zwei Tücher geben und warm auf das Ohr legen. Nach einem alten Hausrezept könnte zur Nachbehandlung frischer Hauswurzsaft dienen. Er wird mit der gleiben Menge (1 : 1) Mandelöl vermengt und ein Tropfen davon ins Ohr geträufelt.

Quendeleinreibung

bei Rheumatismus, erfrorenen Gliedern, bei Gliederzittern, Parkinson und Nervenschwäche

5 gehäufte Esslöffel Quendel-Kleinschnitt mit 1 l Zwetschkenbrand in einem verschlossenen Glasgefäß 14 Tage stehen lassen, dann abseihen und den Rückstand auspressen und filtrieren. 5 EL frischen Quendel mit diesem Ansatz übergießen und nochmals 14 Tage in die Sonne stellen. Wiederum auspressen, abfiltern und in kleine dunkle Flaschen füllen. Dunkel lagern. Der Auszug kann sofort eingesetzt werden und hält einige Jahre.

Rheumaöl

Gutes Einreibemittel bei Muskel- und Gelenksbeschwerden, die durch Rheuma hervorgerufen sind. Auch bei Hexenschuss wirksam.

Zutaten: 1 Hand voll frische Fliederblätter, 1 Hand voll frische Fliederblüten, ein frischer Wacholderzweig, 2 frische Rosmarinzweige, 3 frische Lavendelzweige, 20 Wacholderbeeren (getrocknet), 1 daumenlanges Stück Ingwerwurzel und 2 EL Koriandersamen. * Alles grob zerkleinern und mit einem guten Olivenöl übergießen. * Die Kräutermasse muss bedeckt sein. * Das große Glas mit einem Mulltuch zubinden und in die Sonne stellen (bei bedecktem Wetter und über Nacht ins Haus holen). * Die Kräutermasse etwa 6 Wochen (kann auch länger sein) im Öl belassen. * Darauf achten, dass das Glas immer wieder der direkten Sonnenbestrahlung ausgesetzt ist. * Anschließend abseihen und in dunklen Fläschchen lagern.

Ringelblumensalbe

für Hautentzündungen, Verstauchungen, Quetschungen

* Zerlassenes reines Schweineschmalz, Butter oder Ziegenbutter vom Biobauern wird mit so vielen Ringelblumenblüten vermischt, wie das Fett aufnimmt. * Man lässt das Fett bei kleiner Flamme etwa 5 Minuten köcheln. * Nicht zu heiß werden lassen, man muss die Blüten nicht prasselnd ausbacken! * Will man eine besonders gehaltvolle Creme herstellen, so lässt man abkühlen, nimmt die ausgelaugten Blüten aus dem Fett und gibt neue hinein. * Man erwärmt wiederum sanft und wiederholt diese Prozedur so lange, bis keine Blüten mehr vorhanden sind. * Die Salbe wird in Cremetöpfchen gefüllt und muss kühl gelagert werden, damit sie lange nicht ranzig wird.

Ringelblumenöl

Das Öl wirkt hautverjüngend und ist besonders bei rissigen Brustwarzen, die vom Stillen kommen, zu empfehlen. Für Säuglinge ist es ungiftig.

* Wird durch Mazeration (Kaltauszug bei Zimmertemperatur) gewonnen. * Man setzt die Blütenblätter in einem kaltgepresstem Öl an und lässt sie etwa 10 bis 14 Tage ausziehen, z.B. in Weizenkeimöl.

Schmerz – Salbe

* 100 g Eicheln in 1 l Olivenöl einlegen und 1 Stunde in einem Kupfertopf auf kleiner Flamme köcheln lassen. * Dann die Eicheln herausnehmen und je 3 Hand

voll Brennnesseln, Wegerich, Bingelkraut und große Margeriten in das lauwarme Öl hineinlegen. ✱ Die Kräuter vorher zerkleinern und stampfen. ✱ 2 Liter guten Weißwein dazugießen und bei schwacher Hitze nochmals erhitzen, bis der Wein verdampft ist. ✱ Den Brei durchseihen und leicht auspressen. ✱ Zur Konservierung vor dem Erkalten in einen Steinguttopf füllen oder auch in verschließbare Gläser. ✱ Die Salbe ist schmerzstillend.

Senf- Ohrensausenmittel

✱ 20 g Senfsamen pulverisieren und mit 200 g frischen, zerquetschten Feigen gründlich verrühren. ✱ Den Brei auf ein Tuch streichen, über die Ohren legen. Man findet diesen Vorschlag häufig in Kräuterbüchern aus dem Mittelalter. ✱ Wer an quälenden Geräuschen in den Ohren leidet, wird den Breiumschlag gerne einmal ausprobieren.

Sonnenhut-Heilsalbe

bei Sonnenbrand und Schuppenflechte

✱ Auf je 90 g Lanolin kommen 10 g Tinktur. ✱ Lanolin im Wasserbad erwärmen, bis es flüssig ist. ✱ Die Sonnenhut-Tinktur unter ständigem Rühren einarbeiten. ✱ Es sollte eine Weile gerührt werden, damit der Alkohol entweichen kann. ✱ Vom Herd nehmen und unter ständigem Rühren abkühlen, bis eine geschmeidige Masse entsteht. ✱ In kleine Salbentiegel füllen und im Kühlschrank lagern.

Steinkleesalbe

zur Vorbeugung von Thrombosen

✱ 100 ml Tinktur oder 200 ml starken Tee aus Steinklee herstellen. ✱ ¼ l Mandelöl, 60 g Bienenwachs und 60 g Lanolin in einen Topf geben und im Wasserbad erhitzen. ✱ Wenn alles geschmolzen ist, die Tinktur oder den Auszug ebenfalls erwärmen und zum Wachs-Öl-Gemisch rühren. ✱ Die Mischung erhitzen, bis sie köchelt und das enthaltene Wasser verdampft ist. ✱ Dann von der Kochstelle nehmen. ✱ Darauf achten, dass das Öl nicht überhitzt wird, dadurch können die Pflanzeninhaltsstoffe Schaden nehmen. ❋ Etwas abkühlen lassen und in saubere Töpfe oder Gläser mit Schraubverschluss füllen. ❋ Die Creme hält an einem kühlen, dunklen Ort etwa sechs Monate.

Badeanwendung von Veilchen

❋ 50 bis 100 g Veilchenkraut mit Blüten in eine Kanne geben, 1 l kochendes Wasser darüber gießen und 30 Minuten ziehen lassen. ❋ Durch ein Sieb ins Badewasser gießen. Auch eine Abkochung ist möglich. ❋ Man kann auch ein Säckchen mit getrockneten Veilchenblüten füllen und dieses unter den Wasserhahn hängen, während das heiße Wasser darüber in die Wanne läuft.

Konzentriertes Veilchen-Essig-Bad

❋ 600 ml Apfelessig, 600 ml destilliertes Wasser, 100 g Veilchen. ❋ Die Zutaten vorsichtig zum Siedepunkt bringen. Kochtopf vom Feuer nehmen und 12 Stunden ziehen lassen. ❋ Danach filtern und in Flaschen füllen. Reicht für 3 Bäder.

Venenbad

Hilft als Fußbad bei Venenbeschwerden und schweren Beinen, kann (verdünnt) auch innerlich (10 bis 15 Tropfen 3 Mal täglich) genommen werden. Ist auch als letzter Guss nach der Haarwäsche oder als Haarwasser gut, kann die Haarqualität verbessern.

❋ 2 Hand voll zerkleinerte Rosskastanien mit 2 Hand voll grünem Schafgarbenkraut und -blüten vermischen. ❋ Mit Obstler oder Korn aufgießen, dass alles bedeckt ist. ❋ 3 Wochen ziehen lassen, dann abseihen und in handliche Flaschen füllen.

Vogelmierensalbe

Diese Creme ist ein Heilmittel bei Kinderekzemen und juckenden Ausschlägen.

❋ Dazu erhitzen Sie 250 g Olivenöl mit 25 g Bienenwachs und geben so viel gewaschene, trockengetupfte Vogelmiere dazu, dass sie vom Öl gerade noch überdeckt ist. ❋ Man lässt die Mischung über Nacht (10 Stunden) auf der kleinsten Flamme köcheln, dann durch ein Tuch pressen und in Cremetöpfe füllen.

Wundbalsam

Für schlecht heilende Wunden und Unterschenkelgeschwüre. Wer es besonders edel zubereiten will, nimmt für die Salbengrundlage eine Mischung aus selbst gemachtem Ringelblumenöl und Arnikaöl.

* 100 g fertige Salbengrundlage aus der Apotheke oder selbst gemachte (siehe Grundrezept) mit Urtinkturen folgender Pflanzen vermengen: * Johanniskraut (40 Tropfen), Ringelblume (30 Tropfen), Arnika (20 Tropfen), Beinwell (50 Tropfen). * Die Mischung etwa ½ Stunde rühren, damit der Alkohol zuverlässig abdampft. * Danach Kaltrühren und abfüllen. Im Kühlschrank lagern.

Wundbalsame werden aus folgenden Pflanzen bereitet:
Arnika, Johanniskraut, Ringelblume, Schöllkraut, Kamille, Rose

Bernsteintinktur

* 1 EL Bernsteinsplitter (Bearbeitungsreste vom Steinhändler) mit ¼ l hochprozentigem Alkohol aufgießen und in der Sonne 10 Tage ausziehen lassen. * Schon 1 Tropfen im Tee macht dessen Geschmack harzig.

Kräuter als Problemlöser

Kräuter für Leber und Galle

Krauser Ampfer, Ringelblume, Löwenzahn, Artischocke, Mariendistel, Leberblümchen, Klette, Rosmarin, Andorn, Quecke, Alant, Schöllkraut, Wegwarte, Wermut

Kräuter bei Frühjahrsmüdigkeit oder Lethargie

Kardamom, Zimt, Ingwer, Nelke, Pfefferoni, alle Frühjahrskräuter

Kräuter bei Depressionen

Zitronenmelisse, Hafer, Ginseng, Gingko, Helmkraut, Lindenblüten, Eisenkraut, Ziest, Salbei, Johanniskraut

Kräuter bei Nervosität

Lavendel, Passionsblume, Johanniskraut, Herzgespann, Helmkraut, Zitronenmelisse, Hopfen, Benediktendistel

Kräuter bei Erschöpfung

Salbei, Hafer,Ginseng, Gingko, Eisenkraut, Helmkraut, alle Frühjahrskräuter

Kräuter zur besseren Nahrungsverwertung

Knoblauch, Eberesche, Thymian, Rosmarin, Fenchel, Anis, Zimt, Ingwer

Kräuter für die gesunde Darmflora

prinzipiell alle Kräuterspeisen, Frühlingskräuter, Bärlauch, Brunnenkresse, Brennnessel, Löwenzahn, Knoblauchrauke, Weidenröschen, Melden, Melissen, Minzen, Kamille, Rosmarin

Kräuter für die Harnwege

Preiselbeere, Hirtentäschel, Gundelrebe, Eichenrinde, Labkräuter, Waldmeister, Wegerich, Kamille, Löwenzahn

Kräuter für die Nieren

Petersilie, Bärentraube, Bruchkraut, Hagebutte, Odermennig, Labkraut, Goldrute

Kräuter für die Erhaltung der Jugendlichkeit

Gingko, Ginseng, Quendel, Benediktenkraut, Hafer, Wacholder, Salbei, Bockshornklee, Rosmarin

Kräuter gegen Arterienverkalkung

Samen der Petersilie, Arnika, Bibernelle, Stiefmütterchen, Sonnentau, Hauchechel

Kräuter bei Husten, für Bronchien und Lunge

Königskerze, Süßholz, Spitzwegerich, Tanne, Fichte, Lärche, Schlüsselblume, Lungenkraut, Andorn, Huflattich, Thymian, Gänsefingerkraut, Anis, Wegerich

Kräuter für gutes Gewebe

Mais, Mädesüß, Wegerich, Löwenzahn, Zinnkraut, Melisse, Quendel, Buchweizen, Hirse, Bertram, Pfingstrose, Kamille

Immunsystem stärkende Kräuter

Knoblauch, Sonnenhut, Engelwurz, Stevia, Süßholz, Schafgarbe, Lindenblüten, Zinnkraut, Gingko, Weißdorn, Vogelbeere, Sanddorn, Ingwer, Brennnessel, Nachtkerze, Borretsch

Kräuter für Muskeln und Gelenke

Lavendel, Hafer, Lindenblüte, Rosmarin, Ziest, Salbei, Wacholder, Thymian, Bertram, Löffelkraut, Beinwell, Pfingstrose, Zaubernuss

Kräuter bei Krampfadern

Rosskastanie, Zaubernuss, Klette, Rosmarin, Weißdorn, Labkraut, Weinlaub

Kräuter bei Hauterkrankungen

Stiefmütterchen, Ehrenpreis, Labkraut, Ringelblume, Mönchspfeffer, Lavendel, Holunder, Mädesüß

Kräuter bei Kopfschmerzen

Mutterkraut, Melisse, Odermennig, Quecke

Kräuter bei Verbrennungen

Zaubernuss, Ringelblume, Johanniskraut, Kapuzinerkresse, Wegerich

Kräuter bei Wasseransammlungen im Gewebe

Labkraut, Himbeere, Wegerich, Liebstöckel, Hauhechel, Klette, Petersilie

Stillkräuter für mehr Milch

Eisenkraut, Sabal

Kräuter für Frauenkrankheiten

Frauenmantel, Schafgarbe, Zaubernuss (nach Fehlgeburt zur Stärkung der Gebärmuttermuskulatur), Klette (bei Gebärmuttervorfall), Küchenschelle (bei Periodenschmerzen), Sabal (Eierstockbeschwerden), Mönchspfeffer (hormonregulierend), Gänsefingerkraut (bei Krämpfen), Weinraute (bei Krämpfen), Himbeere (Heilung der Gebärmutter), Zinnkraut (bei starken Blutungen), Quecke, Taubnessel

Kräuter für Schwangerschaft

bei Übelkeit: Himbeere, Zitronenmelisse, Kamille, Lavendel, Rosmarin, Pfefferminze, Ingwer, Rotulme, Isländisch Moos

Kräuter für die Geburt

Frauenmantel, Küchenschelle (homöopathisch bei schwachen Wehen), Herzgespann (Erleichterung, verhindert Scheinwehen), Himbeere (im letzten Drittel der Schwangerschaft), Mutterkraut, Alant, Wiesenknopf

Steigerung der Fruchtbarkeit:

Stinkender Storchschnabel, Sabal, Borretsch, Leinsamen, schwarze Johannisbeeren, Mönchspfeffer, Engelwurz, Rebhuhnbeere

Kräuter bei Rheuma:

Klette, Primel, Süßholz, Goldrute, Wermut, Kalmus, Leinkraut, Habichtskraut

Kräuter fürs Herz:

Nelkenwurz, Raute, Ehrenpreis, Rosmarin, Baldrian, Mistel, Bittersüß, Melisse, Wegerich

Kräuter für den Magen:

Bitterklee, Süßholz, Kamille, Salbei, Wermut, Leinsamen, Wacholder, Brombeere

Kinder-Pflanzen

Kinder sprechen in der Regel auf Heilpflanzen gut an. Manchmal kennen sie die Pflanze die für sie geeignet ist bereits, dann wirkt sie umso besser. Fast alle Arzneipflanzen sind auch für Kinder geeignet, mit einigen Ausnahmen. Dazu gehören z. B. mentholhaltige Pflanzen – auch die Pfefferminze mit ihrem Mentholgehalt zählt hier dazu. Bis zum Schulalter sollte auf die Pfefferminze weitgehend verzichtet werden. Ätherische Öle sollten ebenfalls ein Tabu sein. Sie werden noch nicht vertragen. Abführende oder drastisch wirkende Pflanzen, wie z. B. Senna, Faulbaum oder Rizinus sollten auch vermieden werden.

Die Dosis macht den Erfolg aus. Benötigt ein 80-kg-Mensch den Tee aus 1 Teelöffel Kraut und 1 Tasse Wasser, so ist es beim Kleinkind mit 20 kg ¼ der Menge, also ¼ Teelöffel Kraut.

Tinkturen, bzw. Urtinkturen, enthalten Alkohol. Sind sie somit für Kinder ungeeignet? Diese Frage kann nicht mit Ja oder Nein beantwortet werden.

Wer einem Kind einen Löffel voll Tinktur in den Mund presst, der tut das Falsche und mutet seinem Kind in jugendlichem Alter eine zu große Menge Alkohol zu, die gefährlich sein kann. Wer die Tinktur – wie es sein soll – aber tropfenweise gibt (¼ bis ½ Erwachsenenmenge), verteilt auf ein Stückchen Zucker oder einen kleinen Löffel Zucker, bei dem verflüchtigt sich der enthaltene Alkohol durch die große Oberfläche schnell. Deshalb ist das Stückchen Zucker zum Versüßen der bitteren Medizin hier eigentlich notwendig.

Alant –	Tee zur Erhöhung der Immunabwehr, bei Erkältungen, ab dem 1. Lebensjahr
Andorn –	Tee bei starkem Husten (teelöffelweise)
Anis –	Tee bei Blähungen, schon für Babys
Apfelschalen –	Tee bei Nervosität und Schulstress
Brombeerblätter –	Tee zur Steigerung der Abwehrkräfte, bei Fieber, ab dem 1. Lebensjahr
Eibisch –	Tee zur Stärkung des Immunsystems, bei Husten und Heiserkeit, ab dem 1. Lebensjahr
Eisenkraut –	mehrmals täglich 1 TL Tee bei Krupp, ab dem 1. Lebensjahr
Fenchel –	Tee bei Blähungen, schon für Babys krampfstillend
Hagebutte –	Tee bei Erkältungen, ab dem 1. Lebensjahr
Heidelbeere –	Tee aus den getrockneten Früchten bei Durchfall, bereits für Kleinkinder
Hibiskus –	Durstlöscher ab dem 3. Lebensjahr
Himbeere –	Blättertee zur Steigerung der Abwehrkräfte, ab dem 1. Lebensjahr
Holunder –	Blütensaft oder Tee als Fiebersenker, ab dem Kleinkindalter
Hopfen –	Tee zur Beruhigung, schon ab dem Vorschulalter
Johanniskraut –	Tee oder Saft bei Bettnässen im Vorschulalter, als Tee bei Schwierigkeiten in der Schule
Kamille –	Tee bei Erkältungen, ab 1 Jahr
Königskerzenblüten –	Tee bei Windpocken
Kümmel –	Tee bei Blähungen, schon für Babys
Labkraut –	Tee, fiebersenkend bei Masern und Windpocken
Lavendel –	Tee, äußerlich bei Röteln oder Windpocken
Lemongras –	Tee stärkt die Vitalität, bereits ab dem Kleinkindalter
Lindenblüten –	Tee oder Blütensaft als Fiebersenker, ab dem Kleinkindalter

Löwenzahn –	Tee nach Impfungen, zur Entgiftung, ab dem 1. Lebenjahr
Mädesüß –	Tee, fiebersenkend bei Erkältungskrankheiten
Majoran –	Salbe für Babys bei Blähungen
Melisse –	Tee oder Sirup ab dem Kleinkindalter, zur Hebung der Laune und fürs Gehirn
Ringelblume –	Tee zur Abwehrsteigerung, ab dem 1. Lebensjahr
Salbei –	Tee zum Gurgeln bei Infektionskrankheiten
Schafgarbe –	Tee nach Impfungen, ab dem 1. Lebensjahr
Spitzwegerich –	Sirup mit Honig für Kleinkinder, ab dem 1. Lebensjahr bei Husten
Sonnenhut –	Tee zur Unterstützung des Immunsystems
Stiefmütterchen –	Waschungen und Badezusätze bei Milchschorf, Tee bei Hauterkrankungen bei Kleinkindern
Süßholzwurzel –	natürlicher Süßstoff in Tees (in kleinen Mengen) bereits ab dem 1. Lebensjahr
Tausengülden-kraut –	½ Tasse Tee vor dem Essen, bei Appetitlosigkeit, ab 3 Jahren
Thymian –	Sirup oder gesüßter Tee bereits für Kleinkinder bei Husten, auch als Badezusatz
Veilchen –	leichter Tee beim Zahnen oder bei Husten
Weidenrinde –	leichter Tee zur Schmerzstillung bei Erkältungskrankheiten und zur Fiebersenkung ab dem Kleinkindalter
Ysop –	Tee zur Erhöhung der Widerstandskraft, ab dem Kleinkindalter
Zinnkraut –	Tee zum Erlernen der Blasenkontrolle

Was wir essen dürfen

Geht man von den Überlieferungen aus, so sind die meisten unserer Pflanzen essbar. Zum Beispiel hat man aus den „etwas“ giftigen Sumpfdotterblumen-Knospen Jahrhunderte lang in Essig und Salz eingelegtes Gemüse für den Winter bereitet und die Wurzeln zu Gemüse verkocht. Die Frauen, die damals für ihre Familien sorgten, kannten ihre Umgebung genau und wussten, wie deren Kräuter beschaffen waren. Für uns Heutige wird das in den seltensten Fällen zutreffen. Der Anteil an Pflanzeninhaltsstoffen (auch den giftigen) kann von Gegend zu Gegend schwanken, auch hängt die Giftwirkung von der Menge ab, die konsumiert wird. In der folgenden Liste finden Sie deshalb nur die ungefährlichen Vertreter unserer Wildpflanzen. Schmeckt Ihnen eine Wildpflanze zu bitter, können diese Bitterstoffe durch Einwässern vermindert oder überhaupt herausgefiltert werden.

Die klassischen Wildkräuter im Frühling sind die sogenannten „neun Stärker“ Giersch, Brennnessel, Vogelmiere, Bärlauch, Schafgarbe, Löwenzahn, Sauerampfer, Gundelrebe und Tripmadam (Mauerpfeffer).

Am Anfang des Frühlings gehören Blätter der Wildkräuter in Salate und zu Gemüsegerichten. Sie passen z. B. zu jedem grünen Salat, zum Kartoffelsalat, in Spinat, als Pizzaauflage, in Gemüsestrudel, gebacken, gebraten, gekocht oder als Würze. Zu den „9 Stärkern“ kommen im Frühling zusätzlich Gänseblümchen (Blätter und Blüten), Scharbockskraut (vor der Blüte, nachher ist das Hahnenfußgewächs zu giftig)), junge Blattrosetten des Hirtentäschels, Veilchen und Stiefmütterchen (Blätter und Blüten), Walderdbeeren (Blätter und Blüten), Wild- und Edelobstblüten, Taubnesseln und Melden dazu.

Die jungen Blätter von Wiesensalbei und Brennnesseln, später die Hollerblüten in Palatschinkenteig und herausgebacken, schmecken wunderbar.

Von A-Z

Ackerschachtelhalm Equisetum arvense	die weichen Teile am Beginn der Vegetationsperiode als Suppe, Gemüse, auch frisch in Salaten; Wurzeln als Gemüse; Tee; Tinktur (Achtung, die anderen Schachtelhalme sind giftig, also genau bestimmen)
Ahorn Acer alle Arten	Blüten, junge Triebe und Blätter roh in den Salat, getrocknet als Würze in Gemüse oder Suppe; unreife, noch weiche Früchte in Essig einlegen; getrocknete innere Rinde kann einen Teil Getreidemehl ersetzen; Tee; Tinktur
Alant Inula helenium	Blätter als Gemüse; Blütenblätter als Salatzutat; geschälte Wurzeln als Gemüse und in Suppen; Kräuteressig; Tee; Tinktur
Andorn Marrubium vulgare	frische Blättchen als bitteres Gewürz; Kräuterlikör; Tee; Tinktur
Apfel Malus alle Arten	Blüten und Früchte sind in allen Varianten zu verwenden; als Sirup; Tee; Marmelade; Saft; Tee; Tinktur; Kräuterwein; Kräuteressig
Aster Aster alle Arten	Blüten und zarte junge Blätter für Salate und Gemüsegerichte
Baldrian Valeriana alle Arten	junge Blätter zu Gemüse; Wurzeln als Gemüse; Tee; Tinktur
Barbarakraut Barbarea alle Arten	Knospen, Blüten und junge Blätter frisch in Salaten und Gemüsegerichten; ältere Blätter zu gekochtem Gemüse; Samen sind für die Ölpressung geeignet; Tinktur
Bärenklau Heracleum sphondylium	junge Blätter, Blütenknospen und Blüten zu Salaten oder Gemüsegerichten, zu Eier- und Kartoffelspeisen; getrocknete Wurzel und Samen als Gewürz; Tinktur; Tee (Riesenbärenklau mit Vorsicht begegnen, kann Hautreizungen hervorrufen)
Bärentraube Arctostaphylus alle Arten	die roten Beeren zu gekochtem Fruchtsaft verarbeiten (Achtung, Verwechslung mit Rosmarinheide Andromeda polifolia = giftig, möglich)

Bärwurz Meum athamanticum	Blätter und Blüten frisch zu Gemüse oder Suppen; Wurzel als Gemüse; Tee; Tinktur
Basilikum Ocimum basilicum	Kraut und Blüten als Würze zu Tomaten, Sugo, Gemüse, Eiern; Kräuteressig; Kräuteröl; Tinktur
Beifuß Artemisia alle Arten	außer Wermut: sehr junge Blätter in Gemüse- oder Eiergerichte; Kraut mit Blüten getrocknet oder frisch als Gewürz zu fetten Speisen; Kräuterlikör; Kräuterwein; Kräuteröl; Kräuteressig; Tee; Tinktur
Beinwell Symphytum alle Arten	kleine Mengen geschälte Stängel zu Gemüse; junge Blätter zu Spinat oder in Gemüsestrudel; Blätter in Teig herausgebacken; Blüten kandieren oder zu Blütensirup, auch als essbare Dekoration zum Salat; Tee; Tinktur
Berberitze Berberis alle Arten	frische Früchte zu Marmelade oder Saft verarbeiten; Kräuteressig; Kräuteröl; Kräuterlikör; getrocknet zum Tee; Tinktur
Berufskraut Conyza canadensis	Blättchen und Blüten in kleinen Mengen zu Salaten oder Gemüse; Tinktur
Bibernelle Pimpinella alle heimischen Arten	Blüten als Gewürz; kleine Blättchen als Zugabe zu Salat und Gemüse; Kräuterlimonade; Kräuterlikör; Tee; Tinktur
Bingelkraut Mercurialis annua	die bitteren Blättchen gekocht (ohne Kochwasser) zu Gemüse
Birke Betula alle Arten	die innere Rinde ergibt gute Gemüse; frische Blätter in kleinsten Mengen zu Salat oder Käse (weil bitter); Blutungssaft zu Sirup oder frisch; getrocknete Blätter ergeben ein Mehl (als Ersatzmenge) und sind ein Gewürz; Tee; Tinktur
Blaubeere Vaccinium alle heimischen Arten	Blüten für Blütensirup oder Kräuterlimonade; Blätter als Gewürz zu Suppen; Früchte als Marmelade, Kompott, roh, als Saft; getrocknet in Kräuteressig; Kräuteröl; Kräuterlikör; Tee; Tinktur
Blutweiderich Lythrum salicaria	junge Pflanzenteile als Gemüse kochen; Blüten als Beigabe zu Blütensirup; Tee; Tinktur

Bocksbart Tragopogon alle Arten	Blüten, junge Blätter und Stiele schmecken mild, gute Zugabe zu Salaten und Gemüse; große, getrocknete Wurzeln sind ein Kaffee-Ersatz; gemahlen auch Mehlersatz
Borretsch Borago officinalis	frische Blüten und Blätter als Salatzutat; größere Blätter als Gemüse, Füllung oder in Teig gebacken; Blüten kandiert als Verzierung; Kräuteröl; Kräuteressig; Tee; Tinktur
Braunelle Prunella alle heimischen Arten	junge Triebe, Blätter und Blüten in Salate oder zu Gemüse; in Frischkäse oder zu Eiergerichten; Kräuterlimonade; Tee; Tinktur
Brennnessel Urtica alle heimischen Arten	universell einsatzbar, roh, gekocht, als Spinat oder Gemüse, zu Salaten (Brennhaare werden vernichtet, wenn man das Kraut zwischen feuchten Tüchern walkt oder kurz überbrüht, bzw. sehr klein hackt); Suppenkraut; Kräuteröl; Kräuteressig; Samen für Kräuterwein; Tee; Tinktur
Brombeere Rubus alle heimischen Arten	Blüten als essbare Dekoration; Beeren frisch oder zu Saft; Sirup; Kompott, Marmelade; Gelee; Suppen; Kräuteressig; Kräuterlikör; Kräuterwein; getrocknete Blätter als Ersatz für russischen Tee; Tinktur
Brunnenkresse Nasturtium officinale	ausschließlich frisch zu allen Gemüsen, in Salat, Kräuterbutter; Frischkäse; zu Eierspeisen; zur Senfbereitung; Tinktur
Buche Fagus	junge Blätter als Limonade; innere Rinde als Gemüse; getrocknete Knospen als Mehlersatz; Blätter zu Kräuterlikör und Kräuterwein; Samen ergeben ein haltbares Öl; Tee; Tinktur
Buchsbaum Buxus sempervirens	Blättchen als Hopfenersatz in der Biererzeugung; Tee; Tinktur
Buchweizen Fagopyrum alle Arten	Samen als Mehl; Tee; Tinktur
Disteln Carduus alle heimischen Arten	junge Pflanzenteile (ohne Stacheln!) als Salatzutat oder Gemüse; geschälte Wurzeln als Gemüse; getrocknete Wurzeln als Mehlersatz; Tee; Tinktur

Doldenspurre Holosteum umbellatum	Blüten und Blättchen in Salate und zu Gemüse
Doppelsame Diplotaxi alle Arten	frische Blättchen als herbe Würze in Salate
Dost Origanum	Blätter und Blüten als Gewürz; Kräuterlikör; Kräuteressig; Kräuteröl; Kräuterwein; Tee; Tinktur; Stängel zum Spicken von Fleisch und Fisch
Eberesche Sorbus alle heimischen Arten	Blüten zum Salat oder als Kräuterlimonade; Früchte (nur gekocht essen) zu Marmelade; Kompott; Saft; getrocknete Früchte zu Kräuterlikör; Kräuteressig; als Gewürz; Tee; Tinktur
Ehrenpreis Veronica alle heimischen Arten	Blüten zu Salaten und als Deko zu Platten; Käse oder Fisch; Blättchen und Blüten in Gemüse und Suppen, zu Frischkäse und Eiergerichten; Kräuteressig; Kräuteröl; Tee; Tinktur
Eibe Taxus baccata	in allen Teilen äußerst giftig, nur der rote Samenmantel (ohne Kern, der wiederum sehr giftig ist) ist essbar (mit Konzentration, damit der Kern, der fest am Fruchtfleisch klebt, nicht mitverschluckt wird!)
Eiche Quercus alle heimischen Arten	junge Blätter zum Salat; geröstete Früchte ergeben einen Kaffee; getrocknete Früchte sind Mehlersatz (für Mehl vorher auswässern); Kräuterbier; Tee; Tinktur
Eisenkraut Verbena officinalis	die bitteren Blättchen und Blüten (gewässert, bzw. überbrüht) zu Salaten; Kräuterwein; Tee; Tinktur
Engelsüß Polypodium vulgare	junge Triebe (ohne Sporen) zu Gemüse; frische Wurzel zu Sirup kochen; Tee; Tinktur
Engelwurz Angelica alle heimischen Arten	Stängel kandiert als Süßigkeit; Samen als Gewürz; junge Blätter zu Gemüse oder in den Salat; Wurzel zu Likör oder Wein; Wurzeln gepulvert als Gewürz; Kräuteröl und Kräuteressig; Blüten kandiert als Süßspeise, roh als Salatbeigabe; Tee; Tinktur
Erbsenstrauch Caragana arborescens	ausschließlich Samen sind essbar

Erdbeere Fragaria alle Arten	Früchte zum Rohgenuss; Blätter und Blüten zu Salaten und Gemüse; Kräuterwein; Kräuterlikör, Kräuteressig; Tee; Tinktur
Erdmandel Cyperus esculentus	Wurzelknollen frisch als Gemüse oder als Ölfrucht; getrocknet als falscher Kaffee
Erle Alnus alle heimischen Arten	sehr junge Blätter (bitter) zu Gemüse oder Salat; Samen roh oder gekocht, gemahlen als Würze und Mehlersatz; Tee; Tinktur
Esche Fraxinus alle Arten	unreife Früchte als Gemüse; reife Samen als Gewürz; Tee; Tinktur
Eselsdistel Onopordum acanthium	junge Blätter zu Salat oder Gemüse; Blütenböden als Artischockenersatz; Wurzel als Gemüse; getrocknete Wurzel als Mehlersatz
Färberkamille Anthemis tinctoria	junge Blätter als Gewürz; Blüten in Honig eingelegt als Brotaufstrich; Kräuteröl; Tinktur (kleine Mengen)
Färberwau Reseda alle heimischen Arten	Blüten zu Kräuterlimonade oder als Zugabe zu Salat (kleine Mengen)
Felsenbirne Amelanchier alle heimischen Arten	Früchte zu Marmelade oder Saft, aber auch roh genießbar (ohne Kerne!); Blätter für Tee (offen kochen lassen, dabei entweicht die enthaltene Blausäure); Tinktur aus den Blättern
Fenchel Foeniculum vulgare	Blätter und Blüten zu Salaten und Gemüse; Samen als Gewürz; Kräuterlikör; Kräuteressig; Kräuteröl; Tee; Tinktur
Ferkelkraut Hypochaeris alle heimischen Arten	alles essbar, muss aber vorher entbittert werden (durch Wässern); Blüten in den Salat; Blätter in Gemüse; getrocknete Wurzeln als Gewürz
Fette Henne Sedum alle heimischen Arten	kleine Mengen verwenden – getrocknete Blättchen als Gewürz; Tee; Tinktur
Fettkraut Piguicula vulgaris	wie das Labkraut ein Milchgerinnungsmittel (zur Käseerzeugung)
Fichte Picea alle heimischen Arten	innere Rinde als Gemüse, getrocknet als Mehl; junge Triebe zu Sirup; Kräuterlikör; weiche Zapfen geröstet, sind eine Süßspeise; junge Triebe ohne Nadeln als Beigabe zu Gemüse; Kräuterlikör; Tee; Tinktur

Fingerkraut Potentilla alle heimischen Arten	die frühen Blätter können in den Salat oder in Gemüse kommen; getrocknete Wurzeln sind beim Gänsefingerkraut ein Mehlersatz, bei der Blutwurz ein interessantes Gemüse (häufig Wasser wechseln); Kräuterwein; Kräuterlikör; Tee; Tinktur
Flachs Linum alle heimischen Arten	junge Triebe als Gemüse; Samen als Öl; Tee; Tinktur
Flockenblume Centaurea	junge Blättchen in den Salat; ganzes Kraut als Hopfenersatz
Flügelknöterich Fallopia japonica	die im Frühjahr erscheinenden frischen Sprosse geschält als Gemüse; geschälte Wurzeln als Gemüse
Franzosenkraut Galinsoga alle heimischen Arten	junge Blätter und Triebe als Gemüsebeigabe, in Suppen; getrocknetes Kraut als Gewürz; Tee
Frauenmantel Alchemilla alle heimischen Arten	junge, frische Blätter als Würze in Salat oder Suppe; getrocknet als Gewürz oder Tee (vitaminreich); Tinktur
Froschlöffel Alisma alle heimischen Arten	frische Blätter als gekochtes Gemüse (Wurzel ist roh leicht giftig)
Fuchsschwanz Amaranthus alle heimischen Arten	Blätter, Blütenstände und Stängel gekocht als Gemüse; Samen als Mehlersatz
Gänseblümchen Bellis perennis	Blütenknospen in Salz oder Essig einlegen; Blüten und frische Blätter zu Salat; Kräuterbutter; Tee; Tinktur
Gänsedistel Sonchus alle heimischen Arten	Blütenböden wie (kleine) Artischocken zu Salat; Blätter und Wurzeln zu Gemüsegerichten (Wasser wechseln, damit Bitterstoffe entfernt werden)
Gänsefuß Chenopodium alle Arten	(auch guter Heinrich): junge Blätter als Spinatersatz; Triebe als Spargelersatz; Gemüsebeigabe; abgekochte Samen (getrocknet) als Mehlersatz; Tinktur
Gänsekresse Arabis alle heimischen Arten	junges Kraut und Blüten in Salat oder Gemüsegerichten
Gauklerblume Mimulus guttatus	Blätter und Blüten in geringer Menge zu Salaten; gepulverte getrocknete Blätter sind ein Salzersatz
Geißraute Galega officinalis	junge Blätter (Minimengen) in Salaten; Tee; Tinktur

Gelbstern Gagea lutea	frische Blätter als Gemüse (kleine Mengen); Zwiebel als Gemüse
Giersch Aegopodium	junge Blätter und Blüten zu Salat, als Pizzaauflage, in Omeletten oder Gemüsestrudel; zu Kartoffelspeisen oder als Spinatersatz; Kräuteressig; getrocknete Blätter als Gewürz
Gilbweiderich Lysimachia	Blätter und Blüten für Salate oder Gemüsegerichte
Glockenblume Campanula alle heimischen Arten	frische Blättchen in Salat und Gemüse; Blüten als essbare Dekoration
Goldrute Solidago alle heimischen Arten	junge Triebe roh in den Salat oder zu Gemüse; Blüten als Tee; Tinktur
Gras, alle Arten, ausgenommen Taumel-Lolch (Lolium temulentum)	die reifen Samen sind gemahlen ein Mehl-Ersatz (Achtung, schwarze Körner sind giftig = Mutterkorn)
Gundelrebe Glechoma hederacea	Blüten und junge Triebe als Salatzutat; in kleinen Mengen in Spinat, Gemüse, Suppen; als Füllung in Omeletten; zu Frischkäse und Butter; zu Kartoffeln; Kräuteressig; Tee; Tinktur
Günsel Ajuga alle heimischen Arten	junge Blätter und Blüten als Salatbeigabe, roh in Suppe oder Gemüse (kleine Mengen); Kräuterbutter, Gemüsestrudel oder Omelettenfüllung
Habichtskraut Hieracium alle heimischen Arten	junge Blätter und Blüten als Salatzutat und als Gemüsebeigabe
Hafer Avena alle heimischen Arten	Wurzeln als Suppengemüse; Samen als Mehl; Tee; Tinktur
Hainbuche Carpinus betulus	unreife Früchte (ohne Tragflügel) zu Salat oder gekocht als Gemüse; reife Samen sind Ölfrucht; Tinktur
Hanf Cannabis sativa	junge Blätter in Salaten; Samen als Zugabe zu Gebäck; Ölfrucht; Tee; Tinktur
Haselnuss Corylus avellana	Nüsse zu Gebäck oder roh; Blätter im Frühling zum Salat oder Gemüse; Tinktur; Tee; getrocknete männliche Blüten sind ein Mehlersatz

Hasenohr Bupleurum alle heimischen Arten	frische Blätter und Blüten zu Salaten und Gemüse (kleine Mengen, da etwas bitter)
Hauhechel Ononis spinosa	Blüten und junge Blätter zu Salat und Gemüse; Kräuterlikör; Tee; Tinktur
Hauswurz Sempervivum tectorum	junge Blättchen zu Salaten und zu Fleisch- und Gemüsegerichten; Tee; Tinktur
Heckenkirsche Lonicera alle heimischen Arten	Blüten als Gewürz in Kräuteressig; Blüten kandieren oder zu Blütensirup verkochen (kleine Mengen, da etwas problematisch, auf Beeren verzichten, dies gilt auch für Lonicera caprifolium, das Geißblatt)
Heidekraut Calluna vulgaris	blühende Triebe zu Kräuterwein; Kräuterlikör, Tee; Tinktur
Heidekraut Erica alle Arten	Blütenpollen als Würze zu Salaten oder Suppen; Kräuterlikör, Kräuterwein; Tee; Tinktur
Heilwurz Seseli libanotis	nur sehr junge Triebe in kleinen Mengen zu Gemüsegerichten; Tee; Tinktur
Heilziest Betonica officinalis	Blätter und Blüten in Kräuteressig; junge Blätter als Gemüse (in viel Wasser abkochen und mehrmals wechseln, da bitter); Tee; Tinktur
Hellerkraut Thlaspi alle Arten	die ganze Pflanze ist essbar und zwar roh oder gekocht; die Wurzel ist ein Vitaminspender (ev. reiben und zu Salaten geben)
Himbeere Rubus alle heimischen Arten	junge Blätter in Salat und Gemüsegerichte; Blüten als essbare Dekoration; Blütensirup; Kräuterlimonade; Kräuterlikör; Kräuteressig; Kräuterwein; Beeren frisch oder zu Saft; Marmelade; Gelee; Mus; Kompott; Tee; Tinktur
Hirtentäschel Capsella alle Arten	gesamte Pflanze als Gemüse; Schötchen als Gewürz; Wurzeln, gemahlen als Gewürz; Tee; Tinktur
Hohlsame Bifora radians	firsche Blätter als Gemüse- und Salatzutat; gepulverte Wurzel als Gewürz
Hohlzahn Galeopsis alle Arten	Blätter und Blüten in Salaten oder als Gemüse; Samen als Ölfrucht; Tee; Tinktur

Holunder Sambuccus nigra	Blüten herausgebacken; zu Omeletten; zu Blütensirup, zu Kräuterlimonade; Blütensekt; Kräuterwein; Kräuteressig; Kräuterlikör; reife Früchte zu Trockenobst; Saft; Kompott; Tee; Tinktur (rohe Früchte sind giftig, Blätter nicht für Speisen zu verwenden!)
Hopfen Humulus lupulus	junge Triebe als Gemüse; männliche Blüten als Gemüse; weibliche Blüten als Biergewürz; Kräuterlikör, Kräuterwein; Kräuteressig; Tee; Tinktur
Hornklee Lotus alle heimischen Arten	Blättchen vor der Blüte zu Salat; getrocknete Blüten sind ein Mehlersatz
Hornkraut Cerastium	junge Triebe zu Salat oder Gemüse; Blüten als Würze zu Kräuterlikör
Huflattich Tussilago farfara	nur sehr junge Blätter verwenden, diese zu Salat (kleingehackt) oder in Gemüsegerichte; auch als Brotbelag; Blütenstände in Salate; Tee; Sirup; Tinktur
Hundszunge Cynoglossum	wenige Blätter oder Blüten zum Salat oder Gemüse; Tinktur
Hungerblümchen Draba + Erophila alle Arten	Blätter und Blüten in Salate oder zu Gemüse
Immenblatt Melittis melissophyllum	(bittere) Blättchen als Zutat zu Salaten; Kräuterlikör
Indianernessel Monarda didyma	Blüten für Blütensirup; Beigabe zu Salat und Gemüse; Tee; Tinktur
Johannisbeere Ribes alle heimischen Arten	Blätter und Blütenknospen zu Salaten, Suppen und Gemüse; Beeren als Marmelade, Kompott, Gelee, Saft oder frisch; interessante Kräuterlimonade aus Blättern und Blüten; Kräuterwein; Kräuteressig; Kräuterlikör; Tee; Tinktur
Johanniskraut Hypericum perforatum	Blüten als Salatzugabe; kleine Blättchen in Gemüsegerichten; Kräuteressig; Kräuteröl; Tee; Tinktur
Judenkirsche Physalis	die roten Beeren zu Marmelade, Saft; Likör; Kompott
Jungfer im Grünen Nigella damascena	Blüten als essbare Dekoration; Samen als Gewürz

Kalmus Acorus calamus	frische Blütenstände und ganz junge Blätter zu Salat; getrocknete Wurzel als Gewürz (gering dosieren) oder Tee; Tinktur
Kamille Matricaria	echte und strahlenlose Kamillenblüten sind für den Verzehr geeignet, vor allem als Blütensirup; Kräuteröl; Kräuteressig; als Salatbeigabe; Tee; Tinktur
Kapuzinerkresse Tropaeolum majus	Blüten und Blätter zu Salaten (nicht kochen); Blütenknospen in Essig einlegen; Kräuteressig; Kräuteröl; schmeckt gut zu Kartoffeln und Eierspeisen; Tinktur
Käsepappel Malva alle heimischen Malvenarten	Blüten und Blätter zu Salat und Gemüsegerichten; frische Wurzeln als Gemüse; Blütensirup; Kräuteressig; Tee; Tinktur
Katzenminze Nepeta alle heimischen Arten	Blüten und Blätter als Gewürz oder Beigabe zu Fleisch und Gemüse; Tee
Kerbel Anthriscus alle Arten	Blüten und Früchte als Gewürz, Blätter zu Salaten oder Gemüse (Achtung: es kann leicht zur Verwechslung mit dem äußerst giftigen Schierling und der ebenso giftigen Hundspetersilie kommen! Nur dann anwenden, wenn die Art genau bestimmt ist, ansonsten lieber darauf verzichten!); Tinktur; Tee
Kiefer Pinus alle heimischen Arten	junge Triebe zu Sirup kochen; getrocknete Nadeln sind ein gutes Fleischgewürz; Samen als Gewürz; Kräuterlikör aus Zapfen; Tee; Tinktur; die innere Rinde ist ein Gemüse oder – getrocknet, ein Mehlersatz
Klee Trifolium alle Arten	Blüten zu Kräuterlimonade; kleine Blättchen zum Salat; Blüten für Kräuteressig; Kräuteröl; Samen als Sprossen; getrocknete Blüten als Mehlersatz; Tee; Tinktur
Klette Arctium alle Arten	geschälte Wurzeln als Gemüse; das Mark der dicken Stängel als breiige Heilnahrung; junge Blätter als Gemüse, feine Stängel als rohe Zugabe zu Salaten; Tee; Tinktur
Knöterich Persicaria alle heimischen Arten	junge Blättchen und Triebe als Gewürz zu Salten oder Gemüse; hetrocknete, gerieben Samen sind ein Mehlersatz
Kohl Brassica alle Arten	Wurzel und Blätter genießbar, traditionelle Gerichte in der europäischen Küche; Samen als Gewürz

Königskerze Verbascum alle Arten	Blüten zu Blütensirup oder Kräuterlimonade; Blüten als essbare Dekoration; getrocknete Blüten als Gewürz; Tee; Tinktur
Kornblume Centaurea cyanus	Blüten getrocknet als Zugabe zu Tee
Kornelkirsche Cornus mas	unreife Früchte als Olivenersatz in Öl; reife Früchte roh oder als Saft; Kompott; Marmelade; Likör; Essig; getrocknet als Dörrobst; Blätter als Tee; Blüten als zartes Gewürz; gemahlene Kerne als Kaffeezutat; Tinktur; Tee
Kratzdistel Cirsium alle Arten	junge Triebe ohne Stacheln als Gemüse; getrocknete Wurzeln als Mehlersatz; geschälte Stängel als Gemüse; Blütenböden als Gemüse; Kräuterlikör; Kräuteressig; Tee; Tinktur
Kresse Lepidium alle heimischen Arten	frisch verwenden, als Salatzutat und Würze in Suppen und vielen Speisen; Eierspeisen; Käsegerichte; Samen sind Gewürz; Kräuteressig; Kräuteröl
Labkraut Galium alle Arten:	Blättchen frisch oder in Gemüse; Blüten als Salatbeigabe oder als Limonade; geröstete Samen als Gewürz; Tee; Tinktur
Laichkraut Potamogeton alle heimischen Arten	der geschälte Wurzelstock ergibt gutes Kochgemüse
Lärche Larix alle heimischen Arten	junge Triebe zu Sirup und Limonade; Kräuterschnaps; Tee; Tinktur
Lavendel Lavendula angustifolia	Gewürzpflanze; aus Blüten entsteht blauer Sirup; Kräuteröl; Kräuteressig; Tee; Tinktur
Leimkraut Silene alle heimischen Arten	junge Blätter in Salat oder in Gemüsegerichte; Blüten der Kuckuckslichtnelke (Silene flos) zu Kräuterlimonade oder als essbare Dekoration, Tee; Tinktur
Leindotter Camelina alle Arten	frisch in Salat oder Gemüse; Samen als Öl; Tinktur
Leinkraut Linaria alle heimischen Arten	ausschließlich die Früchte als Ölfrucht; bei Linaria vulgaris (Gewöhnliches Leinkraut) die jungen Triebe als Gemüse; Tee; Tinktur
Levkoje Matthiola incana	Blüten und frische Blättchen sind gut im Salat oder in Gemüsegerichten

Liebstöckel Levisticum officinale	Kraut als Gewürz in Suppen und Soßen; Blüten als Gewürz in Salate und Suppen; Kräuteressig; Kräuteröl; Tee; Tinktur
Lilie Lilium alle heimischen Arten	getrocknete Blüten als Zutat zu asiatischen Speisen; getrocknete Zwiebeln als Zutat zu Suppen oder Kräutergerichten; Kräuteröl; Tee; Tinktur
Linde Tilia alle heimischen Arten	Blüten zu Blütensirup und als Limonade; kleine Blättchen in den Salat; getrocknete Blätter sind ein Mehlersatz; Blüten und Blätter in Gemüsespeisen, zu Fleisch und Fisch; zu Frischkäse, in Omeletten; Kräuteröl; Kräuteressig; Tee; Tinktur
Löffelkraut Cochlearia alle Arten	die frischen Blättchen im Frühjahr zum Salat, zu Kräuterbutter und Gemüse (sehr scharf!); frische Samen gepresst ergeben einen vitaminreichen Pflanzensaft; Tinktur
Löwenzahn Leontodon alle heimischen Arten	frische Blätter und Wurzeln zu Salat und Gemüse; Blüten als Salatzutat; Blüten als Sirup; Röhrchen als Gewürz; getrocknete Wurzeln als Kaffee-Ersatz; Kräuteressig; Tee; Tinktur
echter Löwenzahn Taraxacum officinale	vielfältig einsetzbar, große Wurzeln geschält zu Gemüse; Blätter in den Salat; Röhren der Blüten in den Salat, in Frischkäse, auf Pizza, in Strudel; getrocknete Wurzel als Kaffee-Ersatz; Blüten (ohne Kelch) zu Blütensirup, Löwenzahnhonig oder zu Gelee kochen; Blütenknospen in Essig einlegen als Vitaminspender für den Winter; Tee; Tinktur
Lungenkraut Pulmonaria alle heimischen Arten	Blätter zu Gemüse oder Salat; frisch in Frischkäse; Blüten als Sirup oder Kräuterlimonade; essbare Dekoration; Tee; Tinktur
Luzerne Medicago alle heimischen Arten	kleine Menge im Frühling roh zum Salat; gekocht zu Gemüse; Blüten als essbare Dekoration; getrocknete Blüten als Mehlersatz, Tee; Tinktur
Mädesüß Filipendula alle Arten	Blüten als Sirup und Limonade; Blüten zur Biererzeugung; frische Blüten in Backteig; Wurzeln als Gemüse oder in Suppen; Kräuteressig; Tee; Tinktur
Mahonie Mahonia aquifolium	reife Früchte roh und gekocht; Kräuterwein; Kräuterlikör; da sehr sauer, ein Zitronenersatz; aus getrockneten Beeren Tee; Tinktur

Malve Althaea alle Arten	Blätter und geschälte Wurzel als Gemüse; aus den Wurzeln von Althea officinalis (Eibisch) kann Süßstoff gekocht werden; Sirup; Blüten in Salat oder kandiert; Tee; Tinktur
Mannstreu Eryngium alle Arten	Blätter als Gemüse; Wurzeln als Gemüse; Tee; Tinktur
Margerite Leucanthemum alle heimischen Arten	Blütenblätter zu Salaten; frische Blattrosette als Würze in Salate und Suppen; Kräuteressig
Mariendistel Sylibum marianum	Blüte als Artischockenersatz; Stängel zu Gemüse; Wurzeln als Gemüsespeise; Samen als Gewürz; Tee; Tinktur
Maroni Castanea sativa	Früchte geschält und gemahlen sind ein Mehlersatz; gekocht als Beilage zu diversen Gerichten aus Fleisch oder Gemüse; als Sirup ein Zuckerersatz; Tinktur
Mauerlattich Mycelis muralis	frische Pflanze zu Gemüse oder Brotaufstrich
Mauerpfeffer Sedum alle heimischen Arten	kleine Mengen verwenden – rohe Blättchen in Salate; getrocknete Blättchen als Gewürz; Tee; Tinktur
Meerrettich Armoracia alle Arten	frische geriebene Wurzeln als Gewürz oder Dip; frische Blätter als Gewürz; Kräuteröl; Kräuteressig; eingelegt in Essig; Tinktur
Meisterwurz Peucedanum ostruthium	Blätter zu Gemüse; Kräuterlikör; Tee; Tinktur
Melde Atriplex alle Arten	ganze Pflanzen als Gemüse oder Salatzutat; getrocknete, gemahlene Samen als Mehlersatz
Melisse Melissa officinalis	frische Blüten und Blätter für Limonade und Sirup; Blättchen als Würze oder Zugabe zu Salaten und Gemüsespeisen, auch zu Fisch oder Fleisch; Kräuteressig; Kräuterlikör; Tee; Tinktur
Minze Mentha alle heimischen Arten	frische Blüten zu Limonade oder Sirup; Blätter als Würze zu Salaten, Fleisch, Fisch, Eiergerichten; Kräuteressig; Kräuteröl; Tee; Tinktur
Mispel Mespilus germanica	Blüten als essbare Dekoration; Früchte nach dem Frost roh; als Saft oder Sirup; Marmelade; Kräuterlikör

Mohn Papaver alle heimischen Arten	Blütenblätter als essbare Dekoration oder kandiert; Blätter vor der Blüte zu Suppen, Gemüse oder Salaten; Samen zu Kuchen oder Süßspeisen; Kräuteröl; Kräuteressig; Tee; Tinktur
Möhre Caucus carota	Blätter und Triebe als Salat oder Gemüse; Blüten in Backteig; Samen als Gewürz; geschälte Wurzel als Gemüse; Tinktur (man kann die Pflanze gut bestimmen, wenn man auf den kleinen schwarzen Punkt in der Mitte der Doldenblüte achtet = einzelne schwarze Blüte und immer vorhanden!)
Mondviole Lunaria alle heimischen Arten	Blättchen und Blüten in Salate oder gekocht zu Gemüsegerichten und Eierspeisen
Mutterkraut Tanacetum parthenium	Blättchen sind sehr bitter, deshalb ausschließlich Blüten verwenden, überbrüht zu Gemüsegerichten als essbare Dekoration; Tee; Tinktur
Nachtkerze Oenothera alle heimischen Arten	Blätter und Blüten zu Salaten und Gemüse; Wurzel als Gemüse; Samen als Ölpflanze; Tee; Tinktur
Nachtviole Hesperis alle Arten	Blüten als essbare Dekoration; junge Blätter als Gemüsezutat; Samen sind eine Ölfrucht
Natternkopf Echium vulgare	Blüten frisch in Salaten; Blätter in Backteig
Nelke Dianthus alle Arten	Blüten in Salat, besonders gut in Obstsalaten; Tee; Tinktur
Nelkenwurz Geum alle Arten	getrocknete Wurzel als Gewürz (Nelkengewürzersatz); junge Blätter und Blüten als Salatzutat; Tee; Tinktur
Ochsenzunge Anchusa officinalis	Wurzel als Kräuterwein; junge Blätter gekocht als Gemüse; Blüten in den Salat; Tee; Tinktur
Odermennig Agrimonia	frische Blätter und Blüten als Limonade oder Sirup; Tee; Tinktur
Orchideen Dactylorhiza alle Arten	Wurzelknollen als Kraftnahrung (geschützte Pflanzen!)
Pappel Populus alle heimischen Arten	Blätter ergeben eine Art Sauerkraut; getrocknete Blätter sind ein Gewürz oder Mehlersatz; innere Rinde ist ebenfalls Mehlersatz; junge Triebe und Knospen sind als Gemüse möglich; Kräuterlikör

Petersilie Petroselinum crispum	Kraut als Gewürz zu fast allen Speisen; Wurzeln für Suppen und Gemüse; Kräuteröl; Kräuteressig; Tee; Tinktur
Pfeilkraut Sagittaria alle heimischen Arten	junge Triebe sind ein Gemüsezusatz; Wurzel ist ein Kochgemüse (anschließend Schalen entfernen), kann wie Kartoffeln verwendet werden
Pimpernuss Staphylea pinnata	Blüten entweder kandieren oder zu Kräutersirup; kalter Blütentee; Samen schmecken nach Pistazien; Kräuterschnaps
Pippau Crepis alle Arten	junge Blätter (kleine Mengen) als Gemüse oder Salat
Platterbse Lathyrus alle heimischen Arten	zu verwenden wie die Gemüseerbse, also die Schötchen oder Samen als Gemüse verarbeiten; getrocknete Samen sind ein Mehlersatz; junge Triebe zu Gemüse kochen
Portulak Portulaca	Kraut vor der Blüte roh in Salate; Blütenknospen in Essig einlegen; Blätter wirken eindickend in Suppen und Gemüsespeisen (säuerlich); Kräuterwein; Samen als Gewürz oder Mehlersatz
Quecke Agropyron repens + Elymus alle Arten	frische Wurzeln als Gemüse; getrocknete Wurzeln als Mehlersatz; Blätter im Winter als viraminreicher Salat; Tee; Tinktur
Quendel Thymus serpyllum	schmeckt ähnlich wie Thymian, deshalb getrocknet ein Thymianersatz für alle südländischen Speisen; frische Blüten und Blättchen in den Salat, Gemüse und Suppe (kleine Mengen); Tee; Tinktur
Quitten Cydonia alle Arten, auch die rosablühende Japanische Quitte	Blüten kandiert; Blüten als Salatzutat; reife Früchte zu Marmelade, Gelee oder Saft; Gelatineersatz; Tee; Tinktur
Rainfarn Tanacetum vulgare	nur ganz junge (und wenig) Blättchen zum Salat; getrocknete Blüten als Gewürz; Tee; Tinktur

Rainkohl Lapsana communis	Blätter und Blüten gekocht zu Gemüse und in Suppe
Rauke Alliaria alle Arten	vor allem die Knoblauchrauke (inklusive Wurzel) ist universell einsetzbar, roh oder gekocht zu den meisten Speisen köstlich; Tinktur
Rauke Sisymbrium alle heimischen Arten	Blätter, Blüten und Wurzeln sind essbar und können roh oder gekocht verwendet werden; Samen zur Senfbereitung; Kräuteressig (kleine Mengen verwenden!)
Reiherschnabel Erodium alle Arten	Blüten und zarte Blättchen in Salat; Triebe als Gemüse
Rettich Raphaenus alle heimischen Arten	die Wurzel verwenden, wie es in der heimischen Küche üblich ist; Blätter und Blüten vermitteln denselben scharfen Geschmack in Frischkäse, auf Brot oder in Salaten und Suppen; reife Samen zur Senfbereitung (auch Ölfrucht);Tee; Tinktur
Ringelblume Calendula alle Arten	Blüten als essbare Dekoration in den Salat; Blütenknospen in Essig sind gute Kapern; Kräuteröl; Tee; Tinktur
Robinie (Akazie) Robinia pseudoacacia	Blüten frisch als essbare Dekoration in den Salat (kleine Mengen); Blütensirup; Kräuterlimonade; in Backteig; kandiert; alle anderen Pflanzenteile sind giftig und nur nach dem Kochen essbar; aus den Samen könnte man Gemüse kochen
Rohrkolben Typha alle heimischen Arten	die fleischigen Wurzeln sind getrocknet ein Mehlersatz
Rose Rosa alle Arten	junge Blätter in den Salat und in Gemüsegerichte; die Blüten roh, kandiert, zu Sirup gekocht; als Gelee; in Speisen; verzuckert; Kräuterlimonade; Kräuteressig; Hagebutten als Marmelade; Mus; Soße; Kräuterlikör; Kräuterwein; Kräuteressig; getrocknet als Tee; Tinktur; Kerne gemahlen als Mehl; Tinktur – nie verwenden: gespritzte Rosen aus dem Blumenladen
Rosenwurz Rhodiola rosea	junge Triebe roh zum Salat oder gekocht ins Gemüse; Wurzel roh oder gekocht essbar; milchsauer vergoren köstlich (wie Sauerkraut)

Rosskastanie Aesculus hippocastanum	nur reife braune Früchte können als Mehlersatz dienen (dazu rösten, schälen, kochen, dabei Kochwasser häufig wechseln, Früchte sind sehr bitter, trocknen, erst dann mahlen); Tee; Tinktur
Rosskümmel Laser trilobum	Blüten und Blätter zu Kräuterlimonade (kleine Menge)
Salbei Salvia alle Arten	Blätter als Würze zu vielen Speisen; Blüten als Kräutersirup; Limonade oder essbare Dekoration(Sirup vor allem aus den Blüten des Wiesensalbei); Kräuteressig; Kräuteröl; Tee; Tinktur
Salbeigamander Teucrium scorodonia	die bitteren Blätter und Blüten sind ein Gewürz; Tee; Tinktur
Sanddorn Hippophae rhamnoides	reife Beeren roh essen oder zu Marmelade und Säften verarbeiten; Kräuterwein; Kräuterlikör; Tee; Tinktur
Sauerampfer Rumex alle heimischen Arten	Blätter sind in kleinen Mengen essbar (Oxalsäure), vor allem frisch und als Würze für Gemüsespeisen; Tinktur
Sauerklee Oxalis alle heimischen Arten	Blätter und Blüten (kleine Mengen) zum Salat
Schafgarbe Achillea	frische Blüten als Sirup, Limonade oder Kräuterwein; frische Blätter und Blüten zu Salat und Gemüse (kleine Mengen); als Kräuteressig; zu Frischkäse oder Pesto; getrocknete Blätter und Blüten als Gewürz zu Eier- und Kartoffelgerichten; Tee; Tinktur
Scharbockskraut Ranunculus ficaria	die jungen Blätter vor der Blüte sind erste Vitaminnahrung des Jahres, nach der Blüte nicht mehr verwenden. Alle Hahnenfußgewächse sind frisch giftig, getrocknet sind die Giftstoffe nicht mehr vorhanden.
Schaumkraut Cardamine alle Arten	nur junge Triebe und Blätter frisch in Butter oder Frischkäse (kleine Menge); Samen sind ein Senfgewürz
Schildfarn Polystichum alle heimischen Arten	junge Triebe (ohne Sporen) zu Gemüse; frische geschälte Wurzeln ebenfalls zu Gemüse

Schlehe Prunus spinosa	Blüten zu Blütensirup oder frisch in Salate oder essbare Dekoration; gefrostete Früchte zu Marmelade oder Saft; Kräuterlikör; Kräuteressig; Kräuterwein; Tee; Tinktur
Schlüsselblume Primula alle heimischen Arten	die erste Blüte des Jahres essen, 1 Stück reicht; die Blüten zu süßem Blütensirup oder Kräuterwein;Blüten kandiert; frisch in den Salat; Blätter zu gekochtem Gemüse oder ebenfalls in der Salat; Kräuterlikör; Tee; Tinktur
Schneeball Vibrunum opulus	getrocknete Blüten in Kräuterwein; Früchte gekocht zu Marmelade, Saft, Kompott; Früchte können gegessen werden, allerdings nur, wenn sie vollkommen reif sind; Tee; Tinktur
Schöterich Erysium alle Arten	die kleinen Blättchen frisch in Salaten oder Gemüse
Schwarzwurzel Scorzonera alle heimischen Arten	Blütenknospen gehackt zu Salaten; Wurzeln als Kochgemüse
Seekanne Nymphoides peltata	Blüten als essbare Dekoration (kleine Menge)
Seerose Nymphaea alle heimischen Arten	getrockneter Wurzelstock kann ein Mehlersatz sein (ausgiebiges Wässern nötig, da leicht giftig)
Sellerie Apium	Wurzel als Gemüse oder Salat; frische Stängel und Blätter zu Salat oder als Gewürz; Samen als Gewürz; Blüten zu Salat; Tee; Tinktur
Senf Brassica alle Arten	Samen als Ölfrucht; geschälte Wurzel als Gemüse; Senfzubereitung; Kräuteröl; Kräuteressig; Tinktur
Senf Sinapsis alle heimischen Arten	Keimlinge und junge Blätter oder Blüten in Salate und zu Gemüsegerichten; Samen zur Senferzeugung; Blütenknospen als Gemüsespeise; Kräuteressig; Kräuteröl; Likör; Tee; Tinktur
Silberdistel Carlina acaulis	Blütenböden als Salat; Wurzeln als Gemüse; Tee; Tinktur

Silberkraut Lobularia maritima	Blätter und Blüten roh oder gekocht als Zutat in Gemüse, Salaten und Suppen
Sonnenblume Helianthus annuus	junge Blätter zu Gemüse; Stängelmark = natürlicher Kaugummi; geschlossene Blütenköpfe sind ein Artischockenersatz; Blütenblätter zu Salaten; Kerne als Mehlersatz oder Gewürz; Tee; Tinktur
Springkraut Impatiens alle Arten	junge Triebe nur gekocht zu Gemüse (vorher entbittern); Samen sind Ölfrucht; Tinktur
Steinklee Melilotus alle heimischen Arten	die angewelkten, gewaschenen (wichtig!) Blüten als Sirup (duftet besonders vom echten Steinklee atemberaubend); frische Triebe zu Gemüsespeisen; getrocknet als Gewürz (ersetzt schwach Vanille); Kräuterwein; Kräuteressig; Kräuterlikör; Tee; Tinktur
Steinkraut Alyssum alle Arten	als Salat oder zu Gemüse gekocht
Steinsame Lithospermum officinale	Blättchen und Blüten in kleinen Mengen als Salatzutat oder Gemüsebeigabe; Tee aus getrockneten Blätter = Ersatz für schwarzen Tee
Steintäschel Aethionema alle Arten	roh in Salat oder Gemüse
Sternmiere Stellaria alle Arten	junges Kraut und Blüten zu Salat oder Gemüse; in Brotteig mischen
Stiefmütterchen Viola tricolor alle Stiefmütterchen-Arten, auch die Gartenstiefmütterchen	Blüten und Blätter in den Salat, in Frischkäse, als Brotaufstrich; in Pesto, in Suppen, zu Fisch- und Fleischspeisen; Tee; Tinktur
Storchschnabel Geranium alle Arten	Blüten als Salatbeigabe; Tee; Tinktur
Süßdolde Myrrhis odorata	Blätter, Blüten und frische Wurzeln zu Gemüse oder in den Obstsalat; als Würze anisartig; aus Blüten Blütensirup; unreife Samen als Knabberei, reife Samen als Würze; aus der Wurzel kann ein Süßstoff gekocht werden; Tinktur

Süßholz Glycyrrhiza glabra	Wurzel kann man zu Lakritze kochen (müssen mindestens 3 bis 4 Jahre alt sein)
Taglilie Hemerocallis alle Arten	Blüten als rohe oder gekochte Gemüsebeilage; Dekoration von Salaten
Tanne Abies alle Arten	innere Rinde junger Zweige ergibt Gemüse; Triebspitzen im Frühling mit Zucker zu Honig kochen oder ziehen lassen = Brotaufstrich; Sirup; Tee; Tinktur
Taubnessel Lamium alle Arten	süße Blüten zu Sirup oder Kräuterlimonade; Blätter und Blüten zu Salat und Gemüse; Kräuteressig; Kräuterwein; Kräuterlikör; Wurzeln als Gemüse; Tee; Tinktur
Tausengüldenkraut Centaurium alle Arten	Kraut und Blüten zu Kräuterlikör (Magenbitter); Tee; Tinktur
Teichbinse Schoenoplectus	faschierte frische Wurzeln als Gemüse oder überbacken; getrocknete Wurzeln sind Mehlersatz
Teichrose Nuphar lutea	Blüten zu Blütensirup; Blätter in kleinen Mengen zu Salat; Wurzelstock als Gemüse
Teufelskralle Phyteuma alle heimischen Arten	Blüten und junge Blätter zu Gemüsegerichten; geschälte Wurzeln zu Gemüse
Thymian Thymus alle Arten	Blättchen und Blüten als Gewürz; Kräuteressig; Kräuteröl; Kräuterlikör; Blütensirup; Tee; Tinktur
Topinambur Helianthus tuberosus	nur die Knollen als Nahrungsmittel verwenden, roh oder gekocht; Tinktur
Tragant Astragalus	kleine Blättchen als süßes Gewürz; Früchte als Gemüse; Tee; Tinktur
Traubenholunder Sambuccus racemosa	entkernte Früchte (Kerne sind giftig!) zu Marmelade oder Saft verkochen (roh giftig)
Traubenkirsche Prunus padus	die auffallenden Blüten kandieren oder zu Sirup verkochen; auch Kräuterlimonade (mit kaltem Wasser); Früchte als Fruchtsaft; Marmelade; Kompott; Dörrobst; Kräuteressig; Kräuterlikör; Kräuterwein; getrocknet als Tee
Tulpe Tulipa alle heimischen Arten	aus dem eigenen Garten: frische Blüten sind als essbare Dekoration von Salaten denkbar; Zwiebeln sind nur gekocht zu verwenden, ev. als Gemüse (kleine Mengen)

Veilchen Viola alle heimischen Arten	je duftender das Veilchen ist, desto intensiver der Geschmack; Blüten zu Blütensirup; Gelee; Marmelade; Kräuteressig; Kräuteröl; frisch in Salate, kandiert für Kuchen; Bowle; Kräuterwein; Blätter in Gemüsegerichte und in Salate; Tee; Tinktur
Vergissmeinicht Myosotis alle heimischen Arten	Blüten in Salate oder als Brotbelag
Vogelknöterich Polygonum aviculare	die ganze Pflanze roh oder gekocht, zu Gemüse und Salaten, Blüten und Samen als Gewürz; Kräuteressig; Kräuteröl; Tee; Tinktur
Wacholder Juniperus communis	Früchte als Gewürz; Kräuterwein; Kräuteressig; Kräuteröl; Kräuterlikör; Tee; Tinktur
Waldgeißbart Aruncus dioicus	für Gemüse junge Sprosse verwenden (ziemlich bitter, deshalb Kochwasser mehrmals wechseln, kleine Mengen)
Waldmeister Galium odoratum	Bowle; Kräuterlikör; Kräuterwein
Waldrebe Clematis alle Arten	junge Triebe sind frisch etwas giftig, gekocht aber als Gemüse essbar; alte Triebe und Blüten sind ungenießbar
Wegerich Plantago alle heimischen Arten	rohe Blätter als Frischsaft, zu Salat oder Gemüse; als Sauerkraut; Brotbelag; zu Frischkäse; Sirup; Blütenknospen in Essig eingelegt; Samen sind Ölfrucht; Kräuterlikör; Tinktur, Tee
Wegrauke Sisymbrium officinale	junge Blätter und Blüten als Würze zu Speisen; Samen als Senfzutat; Kräuteressig; (kleine Mengen verwenden)
Wegwarte Cichorium intybus	Blätter zu Salat oder Gemüse; getrocknete Wurzel als Kaffeeersatz; frische Wurzel (durch Lagern in Wasser entbittert) als Gemüse; Blüten zu Salat oder kandiert; Tee; Tinktur
Weide Salix alle heimischen Arten	feingehackte junge Triebe (kleine Menge) in den Salat; innere Rinde ergibt einen Mehlersatz; Tee; Tinktur

Weidenröschen Epilobium alle Arten	Blätter und Blüten entweder als Salatzutat oder Gemüse (Spinat); Tee; Tinktur
Wein Vitis alle Arten	Blüten zu Sirup oder Kräuterlimonade; Blätter als Gemüse (gefüllte Weinblätter); Trauben roh oder als Saft; Marmelade; Gelee; Wein; Tee; Tinktur
Weinraute Ruta graveolens	Blüten und Blättchen in Kleinstmengen als Gewürz (sehr bitter); Kräuteressig; Kräuterlikör; Tee; Tinktur
Weißdorn Crataegus alle Arten	frische Früchte zu Marmelade oder Saft; Kräuterwein; Kräuterlikör; getrocknete Früchte sind Mehlersatz (gemahlen); Blüten kandiert oder frisch in Salat; Blütenknospen in Salat oder Gemüse; Blätter in Salat oder Gemüse; Kräuteressig; Kräuteröl; Tee; Tinktur
Wermut Artemisia absinthum	Kräuterwein; Kräuterlikör; Tee; Tinktur; Hildegard-Mittel
Wicke Vicia alle heimischen Arten	Blüten und junge Triebe in (kleinen!) Mengen zu Gemüse oder in die Suppe, auch Salat
Wiesenknopf Sanguisorba alle heimischen Arten	junge Blätter und Blüten zu Salat oder Gemüse; Frischkäse und Eiergerichte; Blüten und Stiele zu Kräuterlimonade; Kräuteressig; Tee; Tinktur
Wiesenknöterich Bistorta officinalis	Wurzel, Blätter und Stängel als Gemüse; Tee; Tinktur
Wiesenkümmel Carum carvi	frische Blätter und Blüten zu Salat und Suppen; Samen als Gewürz; Kräuterlikör, Kräuteressig, Kräuteröl; Tinktur (Achtung! Verwechslung mit giftigen Doldenblütlern möglich, nur nehmen, wenn vom Fachmann genau bestimmt wurde!)
Wiesenraute Thalictrum flavum	die bitteren Blätter sind getrocknet ein Gewürz, ev. Kräuteressig
Winterlieb Chimaphila umbellata	Blüten sind Bierwürze (bitter!); Tee
Witwenblume Knautia arvensis	Blättchen und Blütenblätter zu Salaten und Gemüse
Witwenblume Scabiosa alle heimischen Arten	kleine Blättchen und ausgezupfte Blütenblätter frisch in Salate und als dekorative Würze in Speisen

Wolfstrapp Lycopus europaeus	gekochte Wurzeln als Gemüse; Wurzeln roh in Salaten; Kräuteressig; Tinktur; Sirup
Wucherblume Chrysanthemum alle Arten	Blütenblätter als Salatverschönerer (kleine Mengen)
Wucherblume Tanacetum alle Arten	kleine Mengen Blüten zu Salat, vorheriges Überbrühen ist ratsam (kleine Mengen)
Wundklee Anthyllis vulneraria	junge Triebe und Blüten als Gemüse, Tee; Tinktur
Ysop Hyssopus officinalis	Blüten als Salatzutat; klassisches Gewürz; Kräuterlikör; Kräuterwein; Kräuteressig; Kräuteröl; Tee; Tinktur
Zwergmispel Cotoneaster alle Arten	Früchte ohne Kerne nur gekocht zu Marmelade oder Saft (bei offenem Deckel kochen lassen, dabei entweicht die enthaltene Blausäure); Tinktur
Zwiebel Allium alle Arten	universell einsetzbar, roh oder gekocht zu Fleisch, Gemüse, Salaten; Kräuterbutter; Kräuteressig; Saucen; in Öl eingelegt, als Pesto; getrocknet als Gewürz; Blüten sind ebenfalls essbar; Sirup; Tee; Tinktur

Vor 250 Jahren

erschien in der Nähe von Leipzig ein Buch, das jeder Haushalt, in dem jemand lesen konnte (viele warens ja noch nicht!), unbedingt haben musste. „Allerhand bewährte Wunderkuren an Mensch und Vieh, wie auch verschiedene Heimlichkeiten der Natur in 490 gar merkwürdigen Vorschriften" wurden versprochen. Aus diesem uralten Buch stammen die nachfolgenden Rezepte im Original-Wortlaut. Kräuterbücher mit den Beschreibungen der Heilwirkung unserer Pflanzen gehörten zu den am weitesten verbreiteten und am häufigsten nachgedruckten Werken des 15. bis 19. Jahrhunderts. Viele dieser Volksarzeibücher kann man heute nur mehr in Museen bewundern und sie erzielen auf Auktionen beachtliche Preise. Es sind oft originelle Rezepte enthalten, die zwar in Vergessenheit gerieten, deren Wirksamkeit aber ohne weiteres auch heute ausprobiert werden kann.

Papst Innocentii bewährtes Mittel, die Augen zu schärfen

Eine Latwerge aus Fenchel-, Eppich- und Petersiliensamen, nebst Liebstöckelsamen, von jedem gleich viel, und Honig bereitet, ist ein treffliches Mittel hierzu.
Latwerge = eingekochtes Mus

Eine köstliche Salbe, welche die Wunden in zwei Tagen heilet

Man nehme ausgepregelten Speck, Honig und Roggenmehl, mache dieses zu einer Salbe und bestreiche alle 4 Stunden die Wunde damit, so heilet sie innerhalb von 2 Tagen. Diese Wundsalbe ist vielmals bewährt gefunden worden.
pregeln = in der Pfanne ausbraten oder auslassen

Den Gestank an den Füßen zu vertreiben

Myrrhen und Alaun in Wasser gesotten, und die Füße damit gewaschen.
Alaun = Kaliumaluminiumsulfat

So man in ein Aug geschlagen worden

Es wird Wegwartenwurzel wohl gestoßen, damit sie weich und saftig werde, alsdann ein Eierklar dazu geklopft, und über das geschlagene Auge gelegt.

Eines alten erfahrenen Zahnarztes Mittel, die gelben Zähne wieder schön Weiß zu machen

Gerstenmehl, Honig und Salz genommen, und die Zähne oft damit gerieben. Oder: Man brenne Linsen und Nussschelfen zu Pulver, und reibe die Zähne oft damit, so werden sie schön weiß.

Ein Zahnpulver

Nimm eine mittelmäßige Zitrone, bestecke dieselbe mit 10 bis 12 Gewürznegelein, lasse die im Backofen so hart als möglich dörren. Dann stoße sie zu Pulver und wiege das Pulver ab. Nimm ebenso viel gebranntes schwarzes Hausbrot, reibe es untereinander, dann wiege es wieder. Thue dazu den achten Teil des Gewichts pulverisierte Violenwurzel und auch den achten Teil gedörrten Salbei, vermische es und hebe es für den Gebrauch auf.

Die Nieren und Blasen zu reinigen

Man thue ganze, wohlzeitige Erdbeeren in ein Glas, schütte einen guten Branntwein daran, lasse solches an der Sonne destillieren und nehme Morgens und Abends einen Löffel davon ein. Das reiniget die Nieren und Blasen.

Ein sicheres Mittel, die Hühneraugen zu heilen

Von den Gänsen, wenn sie gebrühet werden, die Haut, so sich von den Füßen schälet, über die Hühneraugen binden, so wird man dieselben ohne Schmerzen los.

Ein bewährtes Sälblein, wenn ein kranker Mensch sich wund liegt.

Man soll Quittenkerne zur Hand bekommen, weiß Lilien- und Rosenwasser darüber schütten, hierauf Maienbutter und ein Stücklein Hirsch-Unschlicht, nebst obigem in ein messingenes Pfännlein tun, über das Feuer halten und sieden lassen, bis die Wasser eingesotten sind. Alsdann durch ein Lämplein seihen, und rühren, bis es ein weißes Sälblein wird, endlich diese Salbe auf den offenen Schaden legen, so wird er zuheilen.

Hirsch-Unschlicht = Hirschtalg

Eines erfahrenen Wundarztes Kur, ein Geschwür im Halse zu heilen

Gut Baumöl und frische Butter untereinander vermischt, ein wollenes Tuch damit angefeuchtet und warm über den Hals gelegt, so bricht das Geschwür bei Zeit auf und der Schaden wird heil, welches oft probiert und bewährt befunden ist.

Baumöl = im 18. Jh. hat man darunter Olivenöl verstanden

Eine köstlich Salbe, alte Schäden zu heilen

Man pflegt die roten Hagebuzen, die auf den Hagedornen wachsen, und zwar um Michaelis herum, auch zu der Zeit rote Rosen tragen und haben, weil die Hagebuzen noch hart sind, zu nehmen. Die Butzen davon zu schneiden, alsdann die Hegen in guten starken weißen Wein zu tun, so lange, bis sie als ein Mus weich werden. Dann sieden lassen, es durch ein Sieb treiben, wie mans mit den Erbsen macht, und es aufbehalten.

Hierauf Baumöl, Harz und Wachs, von jedem so viel, als es Hagebuzen sind, zu verschmelzen, die Hagebuzen hinein zu werfen, mit einem Spatel wohl untereinander zu rühren, endlich gemächlich ein Tröpflein nach dem anderen in kalt Wasser zu tröpfeln, dass es zu einer Salbe wird. So ist es gut zu allen Wunden und Schäden, sie mögen alt oder neu sein.

Hagebuzen = Hagebutten

Index

Index

Index

Index

V

W

Y

Z

„Grüne Smoothies" sind eine Revolution. Salate, Kräuter und Blattgemüse werden mit etwas Obst oder Milch im Mixer fein zerkleinert und als grasgrüne Pflanzennahrung getrunken. Das Mixen hat einen wunderbaren Effekt: Es „knackt" die stabilen Zellen des „Grünzeugs". Damit die wertvollen Nährstoffe für uns Menschen verfügbar sind, müssen die Zellwände aufgebrochen sein. Gemüse-Smoothies sind einfach zuzubereiten und können äußerst wohlschmeckend sein. So decken auch jene Erwachsenen und Kinder, die normalerweise um Salat und Gemüse einen weiten Bogen machen, ihren täglichen Vitalstoff-Bedarf ab.

Siegrid Hirsch

Die besten Gemüse- & Kräutersmoothies

128 Seiten, Fadenheftung, viele Rezepte und Tipps für einfachste Zubereitung und optimale Gemüse-, Kräuter- und Obstpartner.
ISBN978-3-902540-92-8
€ 12,90

ISBN 978-3-902540-00-3

A-4020 Linz
www.freya.at
Grafik/Satz: freya_art
printed in EU

Fotos von: Wolf Ruzicka, Hazel Proudlove, Stuart Monk, Lucia Guiducci, April Turner, Ryan Pike, Anna Milkova, Steve Cukrov, Viktoriia Kulish, Aleksejs Kostins, Riina Palu, Marilyn Barbone, Ewa Kubicka, Carsten Fräger, Falko Matte, Sabine Luxem, Andrey Armyagov, ManicBlu, Olga Langerova, Jacques Ribieff, Irina Fischer, Elenathewise, kkgas, lucgillet, SharAmbrosia, InvisibleViva, jillianpond